思想會
MIND TALK

Originally published in France as:
70 jours qui ont fait l'histoire d'Israël By Salomon MALKA
©2018, Armand Colin, Malakoff
ARMAND COLIN is a trademark of DUNOD Editeur-11, rue Paul Bert-92240 MALAKOFF.
Simplified Chinese language translation rights arranged through Divas International, Paris
巴黎迪法国际版权代理 (www.divas-books.com)

创造

以色列历史的70天

JOURS QUI
ONT FAIT L'HISTOIRE
D'ISRAËL

（Salomon Malka）
〔法〕萨洛蒙·马尔卡 | 著

马秀钰 | 译

社会科学文献出版社
SOCIAL SCIENCES ACADEMIC PRESS (CHINA)

以色列国防军士兵
图片由 Yedidia Klein 提供（Pixabay）

阿尔伯特·爱因斯坦与犹太复国运动领袖(美国,1921)

从左至右依次为:大卫·N. 莫塞松(David N. Mosessohn)(1883-1930);
阿尔伯特·爱因斯坦(Albert Einstein)(1879-1955);
哈依姆·魏茨曼(Chaim Weizmann)(1874-1952);
梅纳赫姆·乌西什金(Menahem Ussishkin)(1863-1941)。
Photo by APIC/Getty Images

以色列总理办公室（以色列，1956）

从左至右依次为：联合国停战监督组织首席将军 E.L.M. 伯恩斯（E.L.M.Burns）（1897-1988）；
以色列国父，时任总理大卫·本·古里安（David Ben-Gurion）（1886-1973）；
原以色列总理，时任以色列外交部部长果尔达·梅厄（Golda Meir）（1898-1978）。

以色列爱乐乐团排练现场（伦敦）

左：英国大提琴演奏家杰奎琳·杜普蕾（Jacqueline Mary du Pré）（1945-1987）
右：以色列爱乐乐团指挥祖宾·梅塔（Zubin Mehta）（1936- ）

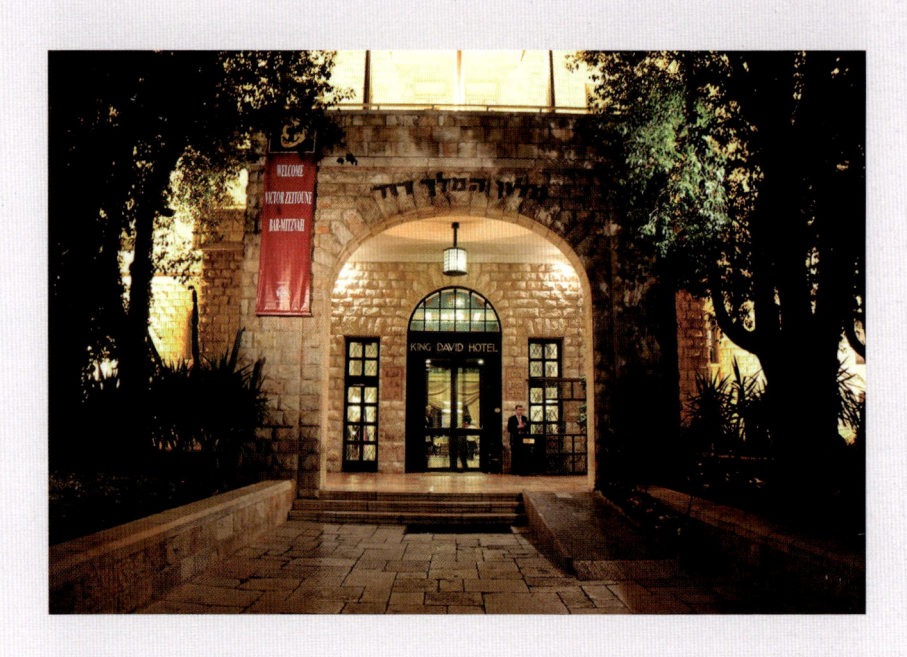

耶路撒冷大卫王酒店入口

目　录

引言：岁月的印记　　　　　　　　　　　　　　xiii

诗人君主　　　　　　　　　　　　　　　　　　1
公元前 10 世纪。以色列王国第二任君主大卫逝世。他在位统治了以色列王国 40 年。

犹太复国主义者的雏形　　　　　　　　　　　　4
1801 年。利涅亲王出版了《犹太人回忆录》，比西奥多·赫茨尔创作的《犹太国》早了一个世纪。

旧物，新事　　　　　　　　　　　　　　　　　8
1805 年 10 月 4 日。这一天，夏多布里昂来到雅法，游览了死海、约旦河，并拜访了耶路撒冷。

康朋路的赫茨尔　　　　　　　　　　　　　　　12
1895 年 1 月 5 日。赫茨尔，这位现代犹太复国主义理论家，将自己关在位于康朋路的旅馆里，为撰写《犹太国》而奋笔疾书。

科学与历史　　　　　　　　　　　　　　　17

　　1917年11月2日。英国政府发表《贝尔福宣言》,同意成立"犹太民族之家"。哈伊姆·魏茨曼为"犹太民族之家"的建立立下了不朽功绩。

大酒店的魅力　　　　　　　　　　　　　　22

　　1930年12月20日。耶路撒冷大卫王酒店开业。

谁杀了阿洛索罗夫?　　　　　　　　　　　25

　　1933年6月16日。左翼犹太复国主义领袖海姆·阿洛索罗夫在特拉维夫广场被刺杀。

领袖的童年　　　　　　　　　　　　　　　28

　　1935年9月。13岁的西蒙·佩雷斯与他的家人一起离开波兰,移居特拉维夫。

以色列爱乐乐团与大师　　　　　　　　　　33

　　1936年12月26日。以色列爱乐乐团成立。

反抗与异端　　　　　　　　　　　　　　　37

　　1941年12月31日。阿巴·科夫纳在维尔纽斯的隔都里发起号召:"年轻的犹太人们,拿起武器吧!"

出埃及记　　　　　　　　　　　　　　　　40

　　1947年7月11日。一艘名为"出埃及记"的船只离开塞特港,驶向应许之地。

库姆兰的文稿 43
1947年11月29日。以色列考古学家埃利泽·苏肯尼克来到伯利恒，寻找死海最早的文稿。而此时，联合国大会正准备为巴勒斯坦分治决议投票。

年迈的雄狮 46
1948年5月14日。大卫·本·古里安在特拉维夫博物馆宣布了以色列国的成立。

第一张签证 51
1948年。作家约瑟夫·凯塞尔获得了以色列政府签发的第一张签证。

"Altalena"号轮船事件 53
1948年6月22日。在本·古里安的命令下，一艘负责运送伊尔贡组织军火的船只被摧毁。

莫斯科的赎罪日 55
1949年10月3日。以色列驻苏联代表果尔达·梅厄来到莫斯科市的犹太大教堂，参加赎罪日活动。

爱因斯坦总统？ 58
1952年11月9日。哈依姆·魏茨曼去世第二天，以色列向阿尔伯特·爱因斯坦提出由他来担任国家总统的请求。

逮捕艾希曼 62
1960年5月11日。阿道夫·艾希曼被埃瑟·哈雷尔领导的特别小组在阿根廷逮捕，后被送回以色列接受审判。

一场海难   67

  1961 年 1 月 11 日。一艘载着摩洛哥犹太移民的小船，沿着直布罗陀海峡缓慢行驶。这艘小船将带着船上的人前往他们的应许之地。

平庸之恶   69

  1963 年 3 月。汉娜·阿伦特的《艾希曼在耶路撒冷》一书出版。

大马士革的绞刑   72

  1965 年 5 月 18 日。间谍伊利·科恩在叙利亚首都大马士革的一个广场上被公开执行绞刑。

语言的守护者   75

  1965 年 6 月 13 日。哲学家马丁·布伯在耶路撒冷逝世。

诗歌与复活   80

  1966 年 12 月 10 日。萨缪尔·约瑟夫·阿格农在斯德哥尔摩获得诺贝尔文学奖。

一个转折点   84

  1967 年 6 月 6 日。六日战争爆发。

动荡的一刻   89

  1967 年 11 月 27 日。戴高乐在爱丽舍宫的新闻发布会上谈到了犹太人，"自信，有支配欲"。

奥林匹克村的惊恐   92

    1972年9月5日。慕尼黑奥林匹克村，11名以色列体育代表团成员被劫持为人质后遭残忍杀害。

《阿巴·尼比》   95

    1973年4月7日。以色列首次参加欧洲电视网歌唱大赛。

首席外交官   98

    1973年10月22日。联合国安理会通过第338号决议，赎罪日战争停战。阿巴·埃班在其中扮演了举足轻重的角色。

一座献给太阳的塔   101

    1976年。大卫·费曼投身布劳施泰因沙漠研究所的筹备工作中。

青年怪才的预言   104

    1976年。《人类简史》的作者尤瓦尔·赫拉利出生于海法。这本讲述了人类未来若干年要发生转变的书，一经问世就成为畅销书。

"恩德培"行动   108

    1976年7月3日至4日。夜间发生了"恩德培"袭击事件。此次袭击也被称为"霹雳行动"或"约纳坦行动"。约纳坦是后来的以色列总理本雅明·内塔尼亚胡的哥哥，他在此次袭击中不幸阵亡。

被扼杀的希望   112

    1977年11月19日。萨达特的专机降落在本·古里安机场。他是首位与以色列签署和平协议的阿拉伯领导人。

和平之城 115

1978 年春天。耶路撒冷市市长泰迪·科勒克与希伯来大学合作，成立了一个思考耶路撒冷未来的研究院。

重游希伯伦 119

1980 年 5 月。以色列政府同意一群在希伯伦阿尔巴镇一座废弃建筑中落脚的人继续居住在那里。

贝京的隐退 124

1983 年 8 月 29 日。黎巴嫩战争结束后，贝京辞职。

"摩西"行动 127

1984 年 11 月 21 日。以色列空军展开行动，将埃塞俄比亚难民营中的犹太人从苏丹转移到比利时，并最终回到以色列。

小说的可能性 130

1985 年 5 月 8 日。米兰·昆德拉获得耶路撒冷文学奖。

前功尽弃的会晤 133

1987 年 4 月 8 日。西蒙·佩雷斯和侯赛因国王因"约旦方案"在伦敦秘密会晤。

善良的病毒 137

1987 年夏。大卫·格罗斯曼出版了他的第一部长篇小说《证之于：爱》（75000 本在以色列销售一空）。

全力以赴的和平　　　　　　　　　　　　141

　　1991 年 10 月 30 日。海湾战争结束之后，由美苏两国联合发起的中东和平会议在西班牙首都马德里开幕。以色列、叙利亚、约旦、黎巴嫩及巴勒斯坦的代表参会。

《奥斯陆协议》　　　　　　　　　　　　145

　　1993 年 9 月 13 日。伊扎克·拉宾、西蒙·佩雷斯、亚西尔·阿拉法特与比尔·克林顿在白宫的草坪上共同签署了《奥斯陆协议》。

愤怒的先知　　　　　　　　　　　　　148

　　1994 年 8 月 8 日。哲学家耶沙亚胡·莱博维茨以 91 岁高龄在耶路撒冷逝世。

牛排与布吉尼翁炖牛肉　　　　　　　　152

　　1994 年 10 月 26 日。以色列与约旦共同签署了和平协议，这是继以色列与埃及签署和平协议之后的第二个和平协议。

国王广场的谋杀　　　　　　　　　　　156

　　1995 年 11 月 4 日。在一次和平示威活动结束时，以色列总理伊扎克·拉宾被一名宗教极端分子刺杀身亡。

一个沙特阿拉伯人与他的两个妻子　　　160

　　1998 年 11 月 18 日。亚伯拉罕·耶霍舒亚发表了《一段通往千年之末的旅程》。这部历史小说开启了以色列文学的一种新的表达方式，展现了西葡系犹太世界与德系犹太世界之间的冲突。

朝圣耶路撒冷（一） 164
2000 年 3 月 21 日。保罗二世开启了自己前往圣地的第一次朝圣之旅。这是历史上教皇首次对以色列进行正式访问。

无法解决的问题 170
2000 年 7 月 25 日。比尔·克林顿在马里兰州安排埃胡德·巴拉克与亚西尔·阿拉法特会面，准备在这里签署第二个戴维营协议。紧随其后的是第二次巴勒斯坦大起义。

我在云中漫步 173
2003 年 2 月 1 日。美国哥伦比亚号航天飞机在太空中航行 16 天后返回时，不幸发生事故。伊兰·拉蒙在事故中遇难。

克里姆林宫主人的首访 176
2005 年 4 月 28 日。弗拉基米尔·普京将一幢位于特拉维夫的公寓赠送给他曾经的德语老师。

血腥的夏天 179
2006 年 7 月 31 日。纳斯鲁拉叫嚣："远到比海法更远。"

阿佩尔菲尔德的悲伤 183
2006 年 8 月 3 日。加利利地区几座被火箭弹袭击的千疮百孔的城市里，大批居民被要求撤退到南部或躲避在避难场所里。

书籍与窗户 186
2007 年 2 月 18 日。艾瑞·德·卢卡受邀成为以色列耶路撒冷书展的荣誉嘉宾。

回来吧，我们爱你 189

2007年11月24日。赛义德·卡舒亚因为电视剧《阿拉伯劳工》一举成名，成为一名标志性人物。

一块三千年前的陶片 192

2008年7月。在位于伯示麦附近的大卫王与歌利亚战斗过的峡谷里，发现了最古老的考古学痕迹。

创业的国度 196

2009年11月。两位分别来自以色列和美国的年轻研究人员用希伯来语和英语发表了一本名为《创业的国度》的书，在世界各地广泛传播。

战俘 200

2010年3月6日。以色列电视台播出电视剧《战俘》的第一季。这部电视剧是根据公众关注度极高的一个传奇之家的故事改编的。

可以喝的海水 205

2010年6月21日。以色列政府决定修建索雷科工厂。这是以色列也是全球最大的海水淡化工厂。

纳克拉沃区的喧嚣 207

2010年11月14日。被视为"当代拉希"的亚丁·史坦萨兹完成了《塔木德精要》。这是一部标志性的作品，对《塔木德》进行了翻译（从阿米拉语译成希伯来语）和评论。

被审判的卡夫卡 212

2012 年 10 月 14 日。长达六年的诉讼之后，特拉维夫法院判定，卡夫卡的手稿属于耶路撒冷希伯来大学。

我爱你，我也不爱你 215

2013 年 11 月 17 日。法国总统奥朗德访问以色列。这是继弗朗索瓦·密特朗及尼古拉·萨科齐之后，以色列议会迎来的第三位法国总统。

落雪 218

2013 年 12 月 12 日。耶路撒冷飘起一场大雪。这是以色列国家气象史上最大的一场雪。

朝圣耶路撒冷（二） 220

2014 年 5 月 25 日。追随着约翰·保罗二世及本笃十六世的脚步，教皇方济各在一位穆斯林伊玛目及一位犹太教拉比的陪伴下，来到安曼、伯利恒及耶路撒冷。

被背叛的忠贞 224

2014 年 10 月 24 日。阿摩司·奥兹开始创作他的宗教小说《犹大》。

我们的孩子被抢走了 230

2015 年 4 月 22 日独立日。"位智"的发明者、拥有信学及哲学双学位的年轻人在赫兹山上点燃了火炬。

希伯来语的《古兰经》 233

2016年3月4日。第一次由阿拉伯裔以色列人翻译的希伯来语《古兰经》问世。

陨灭的星星 237

2016年4月19日。以色列电影明星萝妮·艾卡贝兹逝世。

嘎嘎先生 240

2016年6月1日。一部关于舞蹈编导欧汉·纳哈林及巴希瓦舞蹈团的纪录片登上影院的屏幕。

素食者的应许之地 242

2017年5月8日。特拉维夫被评为世界上最好的素食城市之一。

如果我忘了你 245

2017年12月6日。华盛顿正式承认耶路撒冷为以色列的首都。

人口方程式 250

2018年1月1日。以色列人口达到870万。据预测,2050年以色列人口将会超过1200万。

致　谢 254

索　引 255

引言：岁月的印记

让我开始创作这本书的灵感，我承认，应该归功于我的编辑们。他们希望能通过70个特定的日子，来总结以色列70年的历史。

我借鉴了他们的想法。这个想法正合我意，因为它可以让我跟随灵感的启发，汇集意义非凡的日子、重要事件、关键日期、核心人物、重要的人、主要的里程碑，等等。

通过向读者展示的这段历程，我们想展现以色列的各个方面，呈现一部关于以色列的传记。

这部传记并不是一部圣徒传记。这里所选的内容都是从我的主观愿望出发，融合了记忆、证明、文字作品、相遇以及对话。通过印象派的笔触，描绘出一个国家和一个民族的形象。

在过去70年里，在这样一片纷繁复杂、变化多端、危机四伏、岌岌可危的土地上——真的是岌岌可危，每一次当我们想去忘记这一点的时候，现实就会重新激起我们的回忆——这个民族幸存了下来，生存在这样一个敌对环境里，勉强维持着生机勃勃的民主、不可或缺的正义、值得称赞的外交、享誉世界的文学、原创的电影以及高端的技术。

还有呢？当然，还有其他的。无法寻求的和平，持续的占领，政治生活的残酷，宗教与世俗的冲突，高科技的局限和困境……

在建国70年到来之际,以色列的国际形象可以用马丁·布伯形容基布兹现象的"没有失败"这个词来概括。这位哲学家认为,这并不是一份糟糕的成绩单。只是冒险仍在继续,有失误,也有成功。

我们选择的"不凡之日"——借用埃托尔·斯科拉的电影《不凡之日》的名字,在这部电影中,整个当代意大利的历史被浓缩在24小时里——证明了这些失误和成功。它们相互交融,从回溯历史的角度,来见证这个民族所走过的历程。这个民族不是生来就注定要去接受挑战,但它不得不去迎接挑战。

这个民族与其他民族别无二致,所有民族所珍视的,任何一个民族也都会珍视。这难道不也是那些开拓和向往这片应许之地的人,所梦想的目标吗?

诗人君主

公元前10世纪。以色列王国第二任君主大卫逝世。他在位统治了以色列王国40年。

以下这段文字是后来诸多描写大卫之死的美文之一，一直令我百读不厌。

他是怎么死的？以何种方式？当时是什么情况？他死的时候处于什么状态？

《塔木德》中的《安息日书》一章（30A）（当然，也不可能在其他章节），对大卫之死进行了描述。以色列王国的第二任君主大卫殁于一个安息日。

在一次祈祷时，大卫问上帝："告诉我，我将怎么死？把致我离世的秘密告诉我吧，描述一下我最后的日子。"上帝立刻拒绝了他的请求："这并非我们之间讨论的话题。上帝的旨意已定，万能的上帝不应该和一个肉身之躯来讨论他的生死。""那我还剩多长时间？"大卫仍然纠缠不休，"至少我可以知道自己将在什么时候离开这个世界吧？"上帝最终妥协，他告诉大卫："你会在一个安息日离去。""为什么不是安息日之后的那一天？"绝望的大卫试探道。"不能，"上帝回答道，"所罗门王朝已经到来，一个王朝和另一个王朝绝不能有一星半点的交叠。"

世间万物似乎都有其自身的规律。不同的时代最终都以千古不变的方式到达其终点。继位者们在时机到来时崛起，君主们在继位者准备篡夺王位的时候离去。这一切都无法改变。

但大卫仍不死心："为什么不是安息日的前一天？"上帝用旧约《诗篇》中一句朦胧的诗回答了他："王宫中的一天胜过一千天。"上帝接着解释道："我更希望看到有一天你坐在那里读《托拉》，而不是接受你儿子的万千供品。"上帝的暗示很明朗，大卫心领神会。因此，之后的每一个安息日，聪明绝世的以色列之王大卫都不再离开他的王位。他从早到晚地坐在那里读《托拉》，因为他知道这能够赶走死神，让他远离死亡。但上帝已急不可耐。大限已过，而上帝还在等着摄取一直在读书的大卫的灵魂。但是，该如何下手呢？大卫一直在目不转睛地看书，他的嘴巴也一刻都没有停。即使是一直徘徊在他上方伺机乘虚而入的撒旦也无能为力。但是最后，一个分散大卫注意力的办法还是出现了。大卫的屋后有个花园。上帝身边主司死亡的使臣刮起了一阵风，让树上的叶子抖动了起来。大卫想暂时离开王位一会儿，过去一探究竟。他走进了花园。从花园回来的路上，他从一个楼梯上摔了下来，撞到了台阶，倒在了地上。他的灵魂随即升上了天。接下来的篇章用优美的语句将在世的人的灵魂比作蜡烛，只有在某些特定的情况下，蜡烛才能被熄灭。

总而言之，这就是对大卫之死的叙述。正如后来列维纳斯所言，唯美得几乎都要让星星落泪。

圣经中有好几段对唯美死亡的描述。最初是摩西之死，摩西被上帝亲吻后死去，遵从了上帝的"去吧，后退几步去与列祖同睡"的命令而死。似乎人们可以为遵循命令而死，为自己的主人而死，为了一个纯粹的决定而死。圣经中还有扫罗王和约拿单极具诗意的离去，由大卫亲自吟唱，诅咒了埋葬着很多受人爱戴者的亡灵的吉尔博亚平原，希望微风细雨和狂风暴雨不要再去冲刷他们的坟墓。

但这个因其自己花园里的枝叶颤动而被楼梯台阶背叛了的死亡，这个中断了一个男人的阅读而后将其摧毁的死亡，让他的求知戛然而止，让他的思想暂时从书中游离。这是一个崇高的死亡。

大卫是以色列王国第二任君主，前任君主是扫罗王，后任君主是大卫的儿子所罗门。大卫是诗王，是耶路撒冷的建立者，是旧约《诗篇》的作者。他统治了以色列王国40年，其中，7年在希伯伦，33年在耶路撒冷。他从耶布斯人手中夺过了耶路撒冷，将之建设成为以色列王国的首都。

犹太复国主义者的雏形

1801年。利涅亲王出版了《犹太人回忆录》，比西奥多·赫茨尔创作的《犹太国》早了一个世纪。

保尔·瓦莱里曾称之为"圣洁的亲王"。保罗·莫朗将他视为"18世纪的化身"。贝尔纳·亨利·列维向他致以崇高的敬意。1735年利涅亲王出生于布鲁塞尔一个瓦隆人的家庭。作为军官、外交家、作家，他与伏尔泰、卢梭、歌德等人交往密切。他也是卡萨诺瓦的座上之宾。他的魅力、思想、言谈举止以及幽默感都一直令人赞不绝口。据传言，他曾在旅途归来后问他的妻子："夫人，您是否忠诚于我？"他的妻子回答他："先生，我经常忠于您。"（我第一次听到这段轶事，是在马克龙最后一次竞选总统时的公开演讲中）。

在他去世前，在维也纳会议上，塔列朗封他为"寻欢作乐之王"，他也没有反驳，甚至还顺水推舟："我想，有一件事我还从来没有为在场的诸位办过，那就是为一位陆军元帅[①]

[①] 原文用了英语"Field marchal"，此为英语国家常用的军队职位排序，等同于法语的"maréchal"，只在战争中才会被授予军队的最高统帅。

（他自己正担任陆军元帅）举办葬礼。我要为此筹备一下。"

在他的众多作品中，1801年出版的《犹太人回忆录》影响最大。2017年，该书又由一位名为贝尔纳·吉尔松的比利时编辑重新运作出版。人们发现，正如他的传记作家们所描述的，作为那个时代首位频繁拜访各国君主（从奥地利的玛丽-特蕾莎到沙皇俄国的卡特琳娜，再到玛丽-安托瓦内特王后）的比利时贵族，利涅亲王当时正在酝酿创作一本书，内容是关于"在欧洲的一千万希伯来人"的"悲惨命运"以及准备给予他们一片土地或让他们重归故土。这比西奥多·赫茨尔1896年出版《犹太国》早了一个世纪。

但他的文章并不满是赞颂之言。在他那个时代，对犹太人的描述大多是负面的。犹太人卑鄙龌龊、贪婪、贫穷，也是"被上帝遗弃的人"，但他们不是小偷，不是恶棍，更不是杀人犯。但这就是犹太人的形象。"给他们一个国家或一个安身之处，他们就不再会是我现在所说的这样。即使他们在集市上招摇撞骗，也是因为他们珍惜所受过的苦难，想借此慰藉他们曾经历的无休止的屈辱。"

如何解决当时还未被称为"犹太人问题"的问题呢？利涅亲王对此早有打算。

只需一位伊斯兰教君主或深明大义的部长的同意，就足以解决这个问题。除此之外，重归祖国的犹太人应该让欧洲的艺术、工业、农业以及商业在此复兴。耶路撒冷，这个当前满目疮痍的地方，这个曾让频繁去此朝拜的朝圣者们心碎的地方，应该重新成为首都。应该在废墟上重新修复所罗门神庙,这样我们就能从中找到曾经的叙述和印记。可以疏浚赛德隆的支流,让负责航行和物流的运河重新恢复生机。我们将会找到伊甸园,找到塑造了世界上最美丽的英式花园的四条河流的源头。沙漠将会重新被开垦,人们将会重新在此定居。再也不会有阿拉伯人的强盗部落来侵扰这些神圣的地方,因为这些地方将会不可触碰。我深知犹太人恐惧的根源,但这一切应该结束了。我认为,这个持续了1800年的愤怒已经足够长了。

早在犹太复国主义出现之前,犹太人别无他法,只能通过相信弥赛亚总会到来的信念,来释放他们的悲哀(这种坚守让他们在另一个世界里付出了惨重的代价,但在这里却是他们的至高荣誉)。利涅亲王建议说服土耳其苏丹,让他同意把朱迪亚王国还给犹太人。

我们应该把利涅亲王定义为犹太复国主义者吗?他没有赫茨尔那种高瞻远瞩的能力。他喜欢写作,沉溺于将自己的思想沉淀在纸上。1795年,他开始发表《军事、文学和伤感回忆录杂集》,全书共34卷,一直到1811年才全部完成,其中就包括《犹太人回忆录》。他有很多给人留下了深刻印象的作品,但最初几乎都不为世人所知。直到他坚持不懈地拜访斯塔尔夫人,后者最终决定重新编辑他的两卷《文学与思想》后,他的作品才开始广为流传,最后大获成功。

他的作品喜欢从圣经中引经据典。他饱谙经史,视波将金为自己的偶像。在他之前,波将金曾梦想着将土耳其人从耶路撒冷赶出去,让犹太人住进来。他也对法国大革命中发生的一切熟稔于心，向人们介绍过格里高利神父的著作《论犹太人的身体、道德和政治的革新》。

当时，"犹太复国主义"这个词还不存在，至少其现代化的含义还未诞生。这个词是在西奥多·赫茨尔发表《犹太国》4年前，大概是1891年或1892年，由一个名为纳坦·伯恩鲍姆（Nathan Birnbaum）的奥地利记者兼作家创造的。无论是伯恩鲍姆还是赫茨尔，他们看到过利涅亲王的《犹太人回忆录》吗？给《犹太人回忆录》新版写序的让-皮埃尔·皮赛达极力推荐这本书。该书令这位比利时贵族成为犹太复国主义之父，这让人们不禁去思考，如果这本书中所流露的伟大思想在那个时代就已经初步实现，20世纪的犹太人大屠杀也许就可以避免。

这段鲜为人知的历史的结局是这样的。2016年6月，以色列总统里夫林在其官邸迎接了查理·约瑟夫-利涅亲王的后裔米歇尔亲王的到来。在欢迎仪式上，米歇尔亲王追忆了他的祖父母并向他们表达了哀思。纳粹时期，他的祖父母欧也妮和菲利普亲王在他们位于瓦隆的家里掩护并解救了犹太人的孩子。

44个被救的孩子中，有6个前来参加了仪式。

旧物，新事

1805年10月4日。这一天，夏多布里昂来到雅法，游览了死海、约旦河，并拜访了耶路撒冷。

19世纪，"东方旅行"重新激发了人们的兴趣。弗朗索瓦-勒内·德·夏多布里昂通过其《从巴黎到耶路撒冷》一书，开启了这种文学体例（拉马丁、福楼拜、勒南等人紧随其后）。在这本书中，夏多布里昂讲述了他在1806年至1807年的一次旅行。他从希腊出发，经君士坦丁堡，一路走过罗兹、雅法、凯撒利亚、伯利恒、死海，最后到达耶路撒冷。这次旅行的本意是为写一部《殉道者》而汲取灵感，但最后，作品却以游记的形式于1811年出版。

雅法，一座散发着颓废之美的港口城市。约旦河及其分支，蜿蜒曲折，亘古不变。当他来到约旦河畔时，他的内心涌起了按捺不住的欣喜：

> 朱迪亚国是世上唯一一个能让行者们回忆起神界和凡间之事的国家，神与世的交融，让其他任何一个地方都无

法激发出来的一种感觉,从行者们的灵魂深处油然而生。

他试图按照圣经中提及的地方游历全国。他想找到耶利哥城对岸以色列人渡过约旦河的地方,希伯来人曾经安居乐业的沃土,耶稣经受约翰洗礼的地点及大卫从阿布萨隆面前逃脱的地方。在圣墓教堂,他的描述依然让当今的旅行者们感到历历在目:罗马拉丁教会、希腊正教会、埃及科普特正教会、亚美尼亚使徒教会及马龙派教会各据一隅。

当时的耶路撒冷还只是一个小村镇。很多游记将其描述为一座废墟、一处遗址、一处旧时代的缩影。人们都认为这是一个没有未来的地方。但对手持圣经准备遍览这片圣地的夏多布里昂来说,这里并非如此。

> 1806 年我开始海外旅行的时候,几乎完全遗忘了耶路撒冷;一个一直与宗教抵抗的世纪已经丢失了关于宗教起源地的记忆:正如现在骑士已经消失了一样,似乎现在巴勒斯坦也已不复存在了。

夏多布里昂停止了对这座圣城的追忆,预言这里将会有一场旧物和新事的碰撞:

> 波斯人、希腊人、罗马人都已经从这片土地上消失;一小部分身体里只流淌着伟大民族血液的人依然留在这里,留在祖国的废墟里。如果说所有的民族中会有一种奇迹,那就是这里的奇迹。对哲学家们来说,还有什么能比

在耶路撒冷感受过去和新生之间的相遇更奇妙的吗?

夏多布里昂在其十年前出版的《基督教真谛》里,就已经指明了道路,找到了真谛。从这本书里,人们可以发现他对希伯来圣经的完美辩护。他对其中的多个篇章进行了评论和注释,对《圣经》的语言和《荷马史诗》的语言做了比较性论述,展现了他对文章、论述和人物形象的深刻认识。

对风格的赞美:

> 我从头到尾都被《圣经》震惊了。有什么能与《创世纪》的开篇相媲美呢?宏大的场面却用了这样精练的语言,让我们感受到了天才最后所做的努力。

对希伯来语诗一样丰富的赞美:

> 希伯来语简洁,富有活力,动词几乎没有变化,仅仅通过一封信里的同位语,就能表达出其思想的二十种细微不同。这展现出的,是一种通过非同寻常的连接结合起来的民族语言,它与对一个民族简朴而又深刻的认识紧密相连。

对人文主义的赞美:

> 《荷马史诗》里,不认识的客人就是一个陌生人,而《圣经》里不认识的客人就是游客。从中能看出什么人文

主义方面的不同吗？希腊人只是从政治和地方主义的眼光来看待这个客人，而希伯来人则是从道德和普世的眼光来看待他。

对坚持和梦想的赞美。提及约瑟夫与他的弟兄们重逢后流下的泪水时，夏多布里昂写道：

> 我们从这本书的这个故事中看到了坚持和梦想。这本书为这种蔑视强者的宗教奠定了基础，也将会使强者因为蔑视别人而被人蔑视。

最后是对介于文学和游记之间的这种综合叙述体的赞美。这种方式甚至深深地影响了他《从巴黎到耶路撒冷》这本书的创作。

康朋路的赫茨尔

1895年1月5日。赫茨尔,这位现代犹太复国主义理论家,将自己关在位于康朋路的旅馆里,为撰写《犹太国》而奋笔疾书。

传统观点认为,西奥多·赫茨尔在巴黎为自己所就职的《新自由日报》报道法国德雷福斯事件时,亲眼见证了德雷福斯被剥夺军衔的过程,也听到了人群中发出的"犹太人该死"的呼声。因此,他将自己关在康朋路上的小旅馆里,不顾自己正发着高烧,也不顾自己的失眠,将极富深谋远虑的《犹太国》一气呵成。

但实际情况是这样的吗?一些现代历史学家认为并非这样。例如,在耶路撒冷大学讲授政治经济学的阿维内里(Avineri)教授就不这么认为。他研究了很多关于赫茨尔的文献,尤其是当时发表的文章。

从文章来看,最初关于德雷福斯的报道都是很谨慎的,仅仅是叙述事实,没有添加任何评论。所有文章都对德雷福斯的犹太裔身份闭口不提。后来的犹太复国主义理论家赫茨尔只是指出当时军队里有37个像德雷福斯一样的军官。这是为了照顾维也纳读者们的情绪吗？还是仅仅是想强调法国军队里有很多犹太裔军官？不管怎么说，赫茨尔对德雷福斯事件的认识是微乎其微的。他纠结于其到底是为德国服务还是为意大利服务。他庆幸自己并没有表示相信或怀疑德雷福斯的清白。因此，呈现在我们面前的是这样一个标志性的场面，是炮兵历史上不可或缺的一部分：德雷福斯上尉在军事学校公然被罢黜。

赫茨尔于1895年1月6日发表了一篇日记，记叙了德雷福斯被人撕下军装上的徽章，他的剑被折断，之后被拖走。"他被带到了一群军官面前，他们向他嚷嚷道：'犹太人，叛徒！'德雷福斯向他们反击道：'我不允许你们侵犯我的荣誉，我是清白的！'门外，人群在高呼：'叛徒该死！'"

然而，事件发生的第二天，人们在读这篇报道的时候发现，"犹太人该死"这句话不见了。这句侮辱性的话并没有在新闻报道中出现。赫茨尔没有提起人群在高呼"犹太人该死"，而是"叛徒去死"。

1894年12月30日，赫茨尔在其年度事件回顾中，也丝毫没有提及德雷福斯事件。但此事已经在民众中引起了强烈的反响。他提到了萨迪·卡诺被一个无政府主义者刺杀的事件，波旁宫左派和右派之间的紧张趋势，对巴拿马运河事务连续腐败的质疑……这篇文章并未涉及反犹主义，德雷福斯事件也没有被提及。这有什么奇怪的吗？当时德雷福斯事件还未成气候。

要知道，左拉的《我控诉》一文于 1898 年 1 月 13 日才发表，远远晚于《犹太国》（1896 年）的出版和世界犹太人复国主义大会的第一次集会（1897 年）。

德雷福斯被判刑 5 年之后，赫茨尔在一本名为《北美评论》的美国期刊上发表的一篇关于犹太复国主义的文章，从另一个角度重新审视了这些事件。在这篇文章中，德雷福斯事件忽然被视为历史上抗击反犹主义和犹太复国主义建立的重要基石。也是在这篇文章中，我们发现当时人群在军校外高呼着"犹太人该死"。

时隔五年，对同一事件的报道为什么会有差别？这种差别来自"真实"和记忆的夹缝吗？

也许还有另一种可能。当时的记者、通讯员赫茨尔写了"犹太人该死"。尽管尚未被证实，但《新自由日报》也考虑了此事在犹太人之间造成的影响。因此，《新自由日报》为了不激怒读者，决定将其做修改。

很显然，比起并不熟悉的法国，赫茨尔更了解德国和奥地利。尽管德雷福斯事件更加坚定了他的信念，但对他影响更大的，是 1895 年民粹主义者、民族主义者和排犹主义者卡尔·鲁伊格通过完全自由和民主的选举而当选为维也纳市长。这次选举是一次危险的信号，是一个令人忧虑的预兆。同样也是在维也纳，不到 10 年之后，一个为当时的政治风气所浸润的大学生，来到这里学习建筑。1933 年，他以与 1895 年鲁伊格获胜时同样的情形，登上了权力的宝座。

赫茨尔 1895 年出版了《犹太国》。显然，这并非德雷福斯这个生活在有 10 万犹太人的法国的个人悲剧，而是这个多民族国家在解体前夕将要进行的深层次改革的缩影。这涉及200万犹太人,他们是赫茨尔创作时的真实政治背景。也正是这些,让他真真切切地认识到,他应该在欧洲之外,寻找到一个解决犹太人问题的政治手段。

因此,今天我们依然可以在巴黎的康朋路35号看到这样一句话:

> 1895年,在这里,西奥多·赫茨尔,犹太复国主义的奠基人,撰写了高瞻远瞩的《犹太国》,宣告了以色列国的复活。

挂在康朋路一家小旅馆三角门楣上的这块牌子是编造的吗?

不知道历史学家掌握了多少关于这个以色列杰出政治学家的观点,但我可以肯定地说,这不是编造出来的。首先,事件的很多主角——以贝尔纳·拉扎尔为首——都在赫茨尔的身边。我们可以在《昨日的世界》中看到茨威格的证词:"西奥多·赫茨尔在巴黎的遭遇让他发生了天翻地覆的变化。他经历了让一个人完全蜕变的时期:作为记者,他见证了德雷福斯被判刑的过程,看到了人们从其肩膀上撕扯下徽章,听到他向人群呼喊'我是清白的'。也就是在这一秒,赫茨尔从内心深处被说服,他相信德雷福斯是清白的,他之所以被怀疑是叛徒,就因为他是犹太人。"

现代历史学家们的想法很有趣。可以肯定的是,1895年1月5日,赫茨尔出现在了德雷福斯被处分的军事学校的院子里。他肯定听到了他为报纸所写的新闻中提到的"叛徒该死",但是人们也在怀疑,在当时的状态下,在"叛徒该死"的呼声中,他听到的是"犹太人该死",对他来说,这两个是不是一样?

也正是在那里,在那一刻,他完全脱胎换骨。在那里,这位剧作家、记者、专栏作家,变成了一个幻想家。在这个军事学校的牢房里,在巴黎皇宫,在康朋路,发生了这一幕。

这位主张建立犹太国的理论家觉醒了。

科学与历史

1917年11月2日。英国政府发表《贝尔福宣言》,同意成立"犹太民族之家"。哈伊姆·魏茨曼为"犹太民族之家"的建立立下了不朽功绩。

1904年7月3日,西奥多·赫茨尔去世。他的葬礼在维也纳举行,成千上万的犹太人闻讯乘着东方特快列车和西方特快列车从德国和土耳其赶来。6000多名犹太人在悲伤和痛苦中,一路护送着他的灵柩。斯蒂芬·茨威格称之为"一个淳朴的、全民悲恸的、前所未有的葬礼"。乔治·克列蒙梭说:"他是个天才,我们应该区别天才和能者。燃烧着的木材和西奈山的馈赠成为他遗存的化身。他身上残存着一丝上帝的气息。"哈伊姆·魏茨曼在给自己妻子维拉的信中,表达了他内心感受到的痛苦和巨大损失:"赫茨尔留给了我们一笔庞大而又厚重的遗产。"

7月6日,出生于俄罗斯平斯克莫托尔的魏茨曼离开了日内瓦。离开日内瓦前,他已经投身犹太复国主义运动,一直待在柏林。所有的朋友都前往火车站与他告别。他要去伦敦,但在巴黎短暂地停留了几天,见到了马克斯·诺尔度。这次会面令彼此都十分激动。诺尔度向他表示,无论是个人原因还是政治原因,他都认为自己不是犹太国复兴之父继任者的合适人选。他对魏茨曼的夸赞之词溢于言表,认为他才是最合适的人。

魏茨曼本想在伦敦落脚,但因为别人推荐了一个工作,便留在了曼彻斯特。他在科学类期刊上撰写文章,用英语开拓交际圈。他在一家名为"苯胺公司"的化工厂工作,工厂的老板是查尔斯·德雷福斯,此人对他的经历产生了重要的影响。查尔斯·德雷福斯是阿尔萨斯人,在法国米卢兹化学学院学习,之后在曼彻斯特大学拿到了博士学位。他是曼彻斯特犹太人社区以及犹太复国主义联盟的负责人。作为当地犹太社区的名人,他将魏茨曼引荐给英语社区里的犹太人,并邀请他在曼彻斯特犹太复国主义协会公开发表演讲。从此魏茨曼名声大振。他成了曼彻斯特的名人,影响力逐渐加深。1906年1月,对曼彻斯特市车特汉姆犹太人社区了如指掌的曼彻斯特市北部地区自由党竞选人温斯顿·丘吉尔表达了想和魏茨曼见面的意愿。他们进行了一次短暂的会面。几个月前,丘吉尔刚刚与贝尔福伯爵结识。当时贝尔福伯爵是保守党的首领,后来成为英国政坛里犹太复国主义的主要支持者。1905年1月9日,由曼彻斯特地区保守党首领查尔斯·德雷福斯引荐,魏茨曼和贝尔福会面。也就是在这一次会面中,诞生了著名的"乌干达计划"。

魏茨曼是这样记叙此次交谈的:

"贝尔福先生,假如我给您的是巴黎而不是伦敦,您愿意要吗？"

贝尔福看着我，回答说："魏兹曼博士，可是我们已经拥有伦敦了。"

"是这样的。但是，我们拥有耶路撒冷的时候，伦敦还只是一片沼泽。"

他靠在椅背上看着我，说了让我终生难忘的两句话。第一句话是："像你这样想的犹太人多吗？"

"我道出了成千上万犹太人的心声。"

他说："如果真的是这样，那您有一天将会成为一个伟人。"（《书简》）

贝尔福对这次会面印象深刻。20多年后，他在给侄子的信中写道：

> 对祖国的热爱让他们拒绝接受乌干达计划。最让我印象深刻的是，魏茨曼对计划根本就不屑一顾。（劳伦斯·斯坦，《贝尔福宣言》，1961年，伦敦）

像劳合·乔治一样，魏茨曼也是圣经的忠实读者。他陶醉于圣经中引用的经典，这些引用也经常令他的言论熠熠生辉。劳合·乔治曾对罗斯柴尔德夫人说，相比后来战时西方前线公报中提及的城市和乡村的名字，他更熟悉与哈依姆·魏茨曼会面中经常提及的圣经中的名字。

与此同时，魏茨曼成为"克莱顿化学工业"公司的一名化学家，并且事业有成。他从1904年到1916年一直在那里工作。1914年战争爆发后，他成为爆炸物生产厂的经理，在这个职位上积累了大量资金。战争爆发时，他和家人正在瑞士。听闻消息，他立即决定返回英国。回到英国后，他对朋友们说，新的可能马上就会出现。应该说从一开始，他就相信英国会在一战中获胜。这是因为他从很小的时候就对英国满腔热爱。在他的回忆录中，他曾提起10岁时写给老师的信："所有人都认为犹太人必须死，但英国人会同情我们的。"（《书简》）

1907年8月，哈依姆·魏茨曼开启了他生平第一次前往巴勒斯坦的旅行。4月22日，他从马赛动身，经过破乱凋敝、暴力活动肆虐的亚历山大港，因为"一个40多岁的女人"而被迫在贝鲁特停留了十几天。他只是在9月1日抵达雅法之后给他的妻子维拉写过一封信："我亲爱的，如果没有你和儿子的陪伴，以后我再也不会进行这么长时间的旅行了。"（《书信》，第5卷）他的长子本雅明当时已经出生。他来到巴勒斯坦的时候，本雅明还是个婴儿。魏茨曼在雅法逛了三个星期，游览了早期的殖民地，写下了他所有的印象（《书信》，第5卷，56N）。他的思想受到了前所未有的慰藉。他多年来倡导的"实用"路线是正确的。在土耳其人的管控下，犹太人不顾移民所遇到的困难，购买土地、安身立命，为农业和工业奠定了基础。10%的当地人口都是犹太人。他坚信"犹太人的事业"这一信念，认为这是积极的，认为这是解决与当地阿拉伯人之间矛盾的唯一方式。同时，他也提出了阿拉伯民族主义的问题。他游走在这个国家里，或走路，或骑马，或坐着马车。他去了自那时起就被称为"本地人的母亲"的佩塔提克瓦。他在里雄莱锡安短暂停留，游览了加利利——从拿撒勒到梅图拉——最后来到了耶路撒冷。

在雷霍沃特，他受到了平斯克艾森伯格家族的热情招待。从他卧室的窗户望出去，他看到了一座山峰，由此摒弃了杂念。他买下了这座山，先在山上修建了房屋，后来成立了"Ziv"研究所，也就是魏茨曼科学研究所的前身。

回到伦敦后，维拉问他："抛去犹太复国主义者的身份，请你告诉我，以色列为什么引人入胜？"他回答说："空气像水晶一样清澈，清澈到让我们可以回溯3000年的历史。"（维拉·魏茨曼《我的一生》）

1917年11月2日，贝尔福写给时任犹太人社区代表之一的沃尔特·罗斯柴尔德的信被公之于众。信中证实，英国政府正考虑在由其临时管控的巴勒斯坦为犹太人建立一个家园。这份宣言为以色列建国铺平了道路。哈依姆·魏茨曼在这方面做出了决定性的贡献。1948年，他当选以色列首位总统。

大酒店的魅力

1930年12月20日。耶路撒冷大卫王酒店开业。

仅仅围绕大卫王酒店,我们就可以完成一部关于以色列历史的鸿篇巨制。大卫王酒店位于耶路撒冷市中心一条与大卫王同名的路上,靠近老城和西蒙山的边缘,离玛米拉社区只有几步远。这个酒店由埃及犹太裔商人莫斯利家族建造。1929年,他们从希腊东正教教堂的手中买来土地,建造了这个高档酒店。酒店的软硬件均来自各地。食物每天从埃及运来,领班来自埃及和苏丹,经理来自瑞士,大厨来自意大利。大卫王酒店见证了英国托管的开始、地区旅游的发展以及形式多样的朝圣,当然,也见证了新移民的热潮。所有这些运动都隐含着客户增长的机会。位置的威严、耶路撒冷的红石头、老城的景观,很快就让酒店成为最负盛名和最受欢迎的地点之一。

1938年,当时的托管政府在酒店的南翼建立了总部,成立了英国政府在巴勒斯坦的秘书处、军事指挥中心和犯罪调查部。在梅纳赫姆·贝京的领导下,抵抗英国势力的地下国民军组织部队发动了几次袭击,之后英国当局决定展开行动,解散了几个犹太人组织,获取了重要的文件。1946 年 7 月 22 日,酒店的地下室和大厅发生了爆炸。地下国民军组织部队坚称已经事先警告过酒店的客人,并且命令他们离开酒店。这场袭击造成了 91 人死亡,46 人受伤,并立即引起英国当局的反击。几千人被捕。

如果说这次袭击具有象征性意义,加速了英国人的离开,那还有几件事与酒店的历史息息相关。六日战争期间,大卫王酒店成为前线,经历了约旦人的枪林弹雨。1974 年,当亨利·基辛格在中东各国的首都之间穿梭时,他和他的团队占据了酒店整整三层的房间,将其作为美国国务院的分部。

1977 年,安瓦尔·萨达特来到金碧辉煌的酒店,在这里住了几天。整个酒店自上而下都对这位英勇的元首奉上了无微不至的关怀(特意制作了符合他口味的"鱼饼冻",一种东部犹太人的传统食物,如果没有提前告知,这种食物的味道会让人感到特别惊奇。很显然,当时的情况是,这种为这位贵宾特别制作的鱼并未带来预期效果)。

弗朗索瓦·密特朗每次来耶路撒冷都会在这里住几天,因为这里非常符合他的口味。对维利·勃兰特、安吉拉·默克尔、米哈伊尔·戈尔巴乔夫来说也是如此。如同洛杉矶星光大道上的石板一样,酒店门口的石板上也刻着各界名流的名字和他们的亲笔签名——政客、电影明星、著名人物——他们都从这里走过。

现在,酒店的经理都不再对酒店的象征性意义、历史意义和建筑意义做过多的描述。酒店马上就要迎来它 90 岁的生日。

它依然每天准备470种早餐，仍然有237个房间，1间总统套房，1间皇家套房，1个视野开阔的露台，1个四周绿树成荫的下沉式游泳池。当有记者咨询是否有介绍当地故事和历史的宣传小册子时，酒店的人漫不经心地找了起来，似乎是在问："您真的想要回到史前吗？"

谁杀了阿洛索罗夫？

1933年6月16日。左翼犹太复国主义领袖海姆·阿洛索罗夫在特拉维夫广场被刺杀。

他是犹太复国主义运动的代表人物、犹太建国会的执行官及外交事务负责人，以色列国家下一任总统呼声最高的人。他在特拉维夫广场被刺杀事件引发了一场长达多年的诉讼，也给作家、小说家和剧作者带来了无数灵感。

谁杀了阿洛索罗夫？这个问题一直没有答案。在所有的嫌疑人中，有曾对他的妻子进行过性攻击的人，他被刺杀时这个人就在身旁；有纳粹分支的人；有苏联分支的人；有正在发动一场反对他运动的右翼"修正主义者"……

托比·纳坦曾写过一本关于阿洛索罗夫的书。通过这本书可以推测，托比·纳坦在担任法国驻以色列使馆文化参赞和特拉维夫法国中心负责人的时候，就计划对此事进行调查。当时，特拉维夫广场发生刺杀事件的地方离他的办公室只有几步远。他重复了几百遍这个戴眼镜的阿洛索罗夫的路线。阿洛索罗夫经过弗莱什曼街，来到海阿尔孔街，与他的妻子在海边散步。阿洛索罗夫虽然并非德裔犹太人，但他一向都是西服革履的打扮，即使是在休息时间。他是否发现了两个男人从上方近距离向他开枪？有两枪直中要害。阿洛索罗夫博士当即就倒在了他的妻子斯玛的眼前。

　　托比·纳坦从小说家的视角揭开了这个谜底。他在这个"不眠之城"不停地漫步。他喜欢这座城市，对该城了如指掌。他回忆起一段数年前在柏林的故事。阿洛索罗夫作为外交部部长被派往柏林与纳粹发言人斡旋，想让他们给德国籍犹太人一条生路。

　　是不是在这次旅途中，这位犹太复国主义的领导人遇见了他在20世纪20年代的情妇、后来成为保罗·约瑟夫·戈培尔妻子的马格达·弗里德兰德？

　　海姆·阿洛索罗夫与马格达·弗里德兰德之间的秘密关系维持了很久。德国人对谈论此事丝毫不感兴趣，"伊休夫"犹太人社区的领导人对此也漠不关心。这就使小说家托比·纳坦可以自由地发挥想象。如果1933年马格达与约瑟夫婚后，这对情人在柏林再次相遇呢？如果——作者的想象更是天马行空——这个年轻的女人一直在做他的情人，她再一次回到特拉维夫广场就是为了最后看一眼她的情人呢？如果海姆佩戴的手表上真的刻有"马格达·弗里德兰德赠予海姆·阿洛索罗夫，两人心心相印"呢？如果海姆是犹太人大屠杀中的第一个受害者呢？如果德国人竭尽全力想要抹除这两人不被允许结合的证据呢？如果他们的关系被揭发，所有酝酿中的计划都将毁于一旦。在所有这些假设中，只有一件事是确定的，而不是小说家编造的：马格达是海姆妹妹丽萨的同学。丽萨同时也在为犹太复国主义事业而奋斗，正准备和她的情人移居巴勒斯坦。

谁杀了阿洛索罗夫？这句话在以色列已经耳熟能详，常用来表达对一个难以解决问题的调侃。一个难以被找到的凶手，一个没有答案的难题，如同"谁打碎了苏瓦松的花瓶"？

1977年梅纳赫姆·贝京担任总理之后，成立了调查委员会，最终得到的结论是，不可能找到刺杀阿洛索罗夫的凶手。

现在，阿洛索罗夫的墓地坐落在离发现他尸体海边不远的特拉维夫裴多墓园。

领袖的童年

1935年9月。13岁的西蒙·佩雷斯与他的家人一起离开波兰，移居特拉维夫。

西蒙·佩雷斯1923年出生于一个名为维希涅夫的小城市。维希涅夫当时隶属波兰，现在隶属白俄罗斯。他的父亲伊扎克·佩雷斯是个商人，母亲莎拉·梅尔泽是个图书管理员，培养了他对图书的热爱。他的母亲说："每天吃三顿饭，你就会变强壮；每天读三本书，你就会变聪明。"他的父母都来自宗教家庭，他的祖父是犹太教教士，但他的父母都已经世俗化。小西蒙戴着圆顶小帽，也每天做忏悔。他经常说，他会通过观察额头来评判一个人。额头宽广饱满，就说明这个人很聪明，他本人就充分证实了这一点。

他经常说到一个故事。有一天，在这个居住着1500个犹太人的小城镇上，有人带回一只橘子。这片以色列家园里的犹太人被深深震撼了：

我永远不会忘记小镇上的犹太居民看到这只橘子时惊

讶的表情。这只橘子对他们来说是希望的顶峰,是深藏在他们心底的欲望。也就是那一刻,我生平第一次意识到,这就是对以色列土地的渴望。那一刻,我的身体甚至都在颤抖。

也就是在1935年,13岁的他和家人一起,移居到了被托管的巴勒斯坦。他的祖父母留在了维希涅夫,后来被纳粹杀害。

阿鲁莫特基布兹、哈加纳国防军、以色列工人党,在大卫·本·古里安身边工作、在国防部工作、为发展与法国的关系奋战多年……这就是他早期的经历。当人们问起在他看来一生中最重要的是什么,他回答说:

是从迪莫纳到奥斯陆的这段经历。一个民族攻击另一个民族,要么是因为他们有这样的动机,要么是因为他们被别人说服,认为自己具有这样的能力。既然我们不能改变动机,那我们就应该说服他们,告诉他们不会成功。

以色列前任总统哈依姆·赫尔佐克谈到他的继任者时说:

除了大卫·本·古里安,以色列没有任何政治家能比西蒙·佩雷斯更适合掌管安全和国防。

从1959年35岁开始,从他以以色列工人党身份竞选议会议员开始,50多年里,他担任了每一届议会的成员,最终于

2007年成为国家元首。

这么多年来,他如何能成为不知疲倦的和平使徒、为和平而战的使者的化身?他总是说,和平,就像爱情一样,有时候需要睁一只眼闭一只眼。

他在与伊扎克·沙米尔轮流执政时期当过两年总理。他最伟大的举动之一就是与侯赛因国王秘密会谈。这次会谈本来可以促成约旦-巴勒斯坦邦联的设想,但受到了沙米尔的阻挠。当然,他倡导了奥斯陆协议,这是他政治生涯最伟大的事业。在特拉维夫市发生的那次祈祷和平的集会中,以色列总理伊扎克·拉宾不幸被刺身亡,他当时就站在伊扎克·拉宾身旁。

西蒙·佩雷斯被称为梦想家、幻想家、追逐名利的人。人们嘲笑他关于"新中东"的辞藻。他的一生都在坚守自己的信念。在最后的几年,他将全部心血都付诸佩雷斯和平中心。尽管刚刚经历了心脏的不适,他还是来到中心,进行了一段长达一个半小时的公开演讲,阐述了他对以色列高科技发展的看法。

他的老朋友、作家阿莫斯·奥兹这么形容他:

> 他分析形势的能力,无可厚非的创新能力,断鳌立极的能力,化腐朽为神奇的能力,他被人称为白日做梦的思想,所有的一切都造就了他的伟大。

除了伟人、民族之父、人民的公仆,他还是一个符号,象征着一个无视各种阻挠、从来不向原则妥协的自由民主。他是这种民主最好的化身。

鸽派?鹰派?很少有国家具备这样一个几乎从国家创始就

一直陪伴着人民的政治人物。即使有这样的人物，他们也通常是君主、最高领袖、国王。但佩雷斯身上没有丝毫专制国王或储君的影子。他只是一个一生都在推石头的西西弗斯，而石头在快要到达顶峰时一次又一次滚落。对他来说，没有什么是容易的事情。一直到他人生的最后几年，他的努力才得到人们的认可和感激。他是迪莫纳城的创建者，同时也是奥斯陆协议的构造者。在他一生的政治生涯中，他时而是鸽派，时而是鹰派，时而又同时是鸽派和鹰派。也可能正因如此，他令很多以色列人感到亲近。大部分以色列人赞成为两个国家找到共同的解决办法，但大部分人不相信这个梦想能够实现。但是佩雷斯认为，应该不顾一切地坚持这个梦想。

他的遗产、他留下的东西呢？与同时期其他领导人——达扬、拉宾、沙龙——不同的是，他没有在以色列出生。他的希伯来语和法语都具有浓重的意第绪语口音。甚至他的发型也不一样，他所有的头发都向后梳，这都与他的同僚们不同。他喜欢巴黎胜过世界上任何一个城市。他热衷于接见法国政坛的重要人物，也喜欢被他们接见。他喜欢酒，喜欢露天咖啡馆，喜欢伊夫·蒙当和西蒙·西涅莱。他喜欢在公务出访的间隙偷偷溜出去逛书店。他喜欢书和诗人。他对科学极其感兴趣，喜欢钻研纳米技术和社交网络。除了他的梦想、他的不足、他的失败，他还有对大卫·本·古里安的忠诚。

2015年，当佩雷斯身陷国籍法案问题时，他引用其良师古里安的话说："古里安的声音告诉我们，我们应该成为以色列人应该成为的样子：一个榜样性的国家，一个有见识的国家，一个追寻公正与和平的国家。"本·古里安经常提起与佩雷斯的一次交流。他俩初识的时候,佩斯雷才初出茅庐。有一次,佩雷斯与古里安这头"年迈的雄狮"一起坐车。沉默了很久之后,古里安说:"托洛茨基并不是一个伟大的领袖。一个伟大的领袖应该知道如何做决定。要么决定战争并承担战争带来的风险,要么决定和平并为此付出代价。"

我们并不能确定佩雷斯是否从中有所领悟。他曾既是鸽派又是鹰派。他并非在一个时期是鹰派,在另一个时期是鸽派,而是强硬与温和并行不悖。他拒绝回答"您是强硬派还是温和派"这样的问题。

以色列第九任总理留下的,可能也是他从本·古里安身上学到的。他曾经说起过:要有勇气而不是遗憾。永远不要在困难面前退缩。不要害怕做梦。不要害怕明天。不要自我欺骗。这是一个伟大的规划。他是否如愿实现了这个规划?这还是留给后人去评判吧。

2016年9月28日佩雷斯去世。他的墓碑上刻着三句话。一句来自先知以赛亚:"他们必会将刀剑打成犁头。"第二句来自大卫·本·古里安:"以色列的精神形象和它的内部力量将构成我们未来安全与国际地位的关键因素。"第三个句子来自纳赫曼·比亚利克的一首诗:"还应该有一首赞美他的诗,但是现在这首诗已经消逝。"

先知、政治家、诗人。我们无法更好地描述这个在以色列建国近70年时消逝的人的一生。他的墓碑坐落在拉宾和沙米尔之间。他的孙女曾开玩笑说,他和他的左翼邻居一起,又可以像当时一样轮流执政了。

以色列爱乐乐团与大师

1936年12月26日。以色列爱乐乐团成立。

成立乐团的想法来自波兰小提琴大师布罗尼斯拉夫·胡贝尔曼。他成功说服了来自欧洲不同乐团的75个音乐家,使他们离开了曾经演出的首都,来到以色列这个正在破茧而出的国家,在特拉维夫成立了一个高水平的乐队。

首场音乐会在特拉维夫市北部的一个音乐厅举行。乐团的指挥是世界音乐大师之一阿尔图罗·托斯卡尼尼。为了表达对这个乐团的支持,阿尔图罗·托斯卡尼尼放弃了纽约NBC交响乐团的指挥机会来到特拉维夫。这位因为法西斯主义肆虐而离开祖国的顶级意大利指挥家说:"我这样做是为了全人类。"

当时,这个刚成立不久的乐团里的音乐家们说着不同的语言:德语、波兰语、匈牙利语、俄语,年纪小点儿的说希伯来语。

伴随着国家的建立,乐团也将其名字由"巴勒斯坦管弦乐团"改为"以色列爱乐乐团"。以色列于特拉维夫博物馆举行建国大典时,乐团在现场演奏了以色列国歌《希望之歌》。

世界著名的小提琴家雅沙·海菲兹、耶胡迪·梅纽因、艾萨克·斯特恩、伊扎克·帕尔曼、平夏斯·祖克曼、什洛莫·敏茨等人先后加入乐队，随乐团到欧洲和美国巡演，参加了很多欧洲（萨尔茨堡、洛迦诺、爱丁堡……）的音乐节，并于1967年7月在雷纳德·伯恩斯坦的指挥下，在斯科普斯山上演奏了古斯塔夫·马勒的第二交响曲《复活》。当时人们对乐团是否应该在柏林演出的争论激怒了乐团，最后的结果是，乐团在祖宾·梅塔的指挥下演奏了《马勒第一交响曲》，以色列的国歌在距离德国国会大厦500米远的地方余音不绝。关于乐团是否应该演奏瓦格纳的作品也曾有过激烈的讨论。这位德国作曲家的音乐一直被排除在主流之外，他的作品从来没有在广播中出现过，音乐会上也很少被演奏。只有丹尼尔·巴伦博伊姆冲破了禁令，于2001年7月在耶路撒冷与柏林爱乐乐团一起，演奏了他的作品《特里斯坦与伊索尔德》中的一段。当时，这引起了40多位听众的离场。另外，以色列室内乐团在第100届拜罗伊特艺术节的出现也引发了另一场论战。

　　为以色列爱乐乐团历史锦上添花的，还有六日战争结束后祖宾·梅塔的到来。时至今日，他依然是最杰出的、最具有象征意义的乐团指挥家。他的长寿也打破了世界上所有乐团指挥的最高纪录。他刚刚庆祝完自己80岁的生日。在这场庆生音乐会上，他的朋友帕尔曼和祖克曼也来到了现场。他的国家也为此开展了一系列的活动。

　　这个优雅而又极具魅力的男人很早就决定，将自己的命运与一个被他视为祖国的国家紧密相连。他出生在孟买，与美国演员南希·科维克结婚并育有一子，儿子住在以色列。1991

年第一次海湾战争爆发期间，当第一颗飞毛腿导弹降落在以色列南部村镇的时候，他是第一批奔赴现场为拥护团结而示威的人。他一直对和平进程保持着极大的兴趣，经常去游览阿拉伯和巴勒斯坦的城市。

他宣布将从 2019 年 10 月起退出舞台。1968 年他开始做音乐顾问，1981 年开始担任艺术总监，担任乐团指挥已经有五十余载。他同时也是耶路撒冷希伯来大学、特拉维夫大学以及魏茨曼科学研究所的荣誉指导。

他的指挥风格？毋庸置疑，所有看过他演出的人，都会被他的力量、能力、激情和热情所折服。

这位"大师"——无论是出租车司机还是国家总统，所有以色列人都这样称呼他——已经带领着以色列爱乐乐团遍访五大洲，指挥了近千场音乐会。

1994 年 8 月，人们看到他在萨拉热窝国立图书馆的废墟上指挥演奏了莫扎特的《安魂曲》。演出获得的收益全部捐献给巴尔干战争中的受害者。

1999 年 8 月，来自巴伐利亚州和以色列的两个乐团在德国魏玛的布痕瓦尔德集中营所在地联合演奏了马勒的第二交响曲。

1994 年，他与帕尔曼和祖克曼两位独奏家及以色列爱乐乐团一起，来到了他的家乡孟买。

他对以色列的政治十分不满，尤其批评其安置政策。他对国家形象表示担忧，但他的意见总是被听取，他也一直受人爱戴。因为他从来都不会缺席为那些正在经历困难或威胁的国家而举办的演出。每当战争爆发、某个国家的未来岌岌可危时，他都会立刻跳上飞机，到达常年以他名字预留的希尔顿酒店的房间。

他去过基布兹，去过莫沙夫（合作社），去过发展中城市，去过军事前线，他的所到之处，人们都备受鼓舞。

他也孜孜不倦地扶持着全世界的青年才俊。

反抗与异端

1941年12月31日。阿巴·科夫纳在维尔纽斯的隔都里发起号召："年轻的犹太人们，拿起武器吧！"

他的姓氏来源于他出生的城市——科夫纳，立陶宛语也称为考那斯。他的家庭曾与立陶宛著名的犹太人维尔纳的家族联姻。阿巴·科夫纳也视自己为真正的、永远处于抗争之中、随时准备造反的"利特瓦克"（立陶宛犹太人）。父亲去世后，只有14岁的他将大部分时间用来写诗及与当时的社会党并肩战斗。长长的卷发、清澈的大眼睛及高帮皮鞋使他看起来既像一个布尔什维克，又像一个浪漫主义者。

33岁时，他从关押自己及其他人的维尔纽斯隔都里翻墙逃出来，并和其他年轻的犹太人一起，藏身于一个多明我会修道院里。他是欧洲第一批从1940年开始就了解纳粹灭绝犹太人计划本质和规模的人。他准备号召大家起义。在返回隔都待了几天后，他发起了绝望的召唤："我们不能再继续成为待宰的羔羊了！"在与他的同伴们一起钻进下水道来到森林之前，他很快就成了一个货真价实的活英雄。

阿巴·科夫纳的一生更值得一提的是，战争一开始，这个曾经英勇好战的人就立即萌生了坚决不放弃复仇的想法。他要将复仇和公正还给被杀害的人民。他完全摒弃了自己脑海中纳粹罪犯不会得到惩罚的想法。他是欧洲第一个公开号召拿起武器进行自我防卫的人，还第一个成立了被称为"复仇者联盟"的组织。是他的计划引发了惩罚纳粹罪犯的开端吗？即使这个行动持续的时间并不长，似乎也确实开了个头。最近法国水边出版社出版了《知道真相的犹太人》一书，作者蒂娜·波拉在书里写道："从年轻的阿巴·科夫纳的话来推断，即使他们最后失败了，也想让自己的行为载入史册。永远也不能给别人留下口实，让他们说犹太人即使遭受了大规模的屠杀也始终是忍气吞声，什么也没做，没有为死去的人报仇。"

"伊休夫"——巴勒斯坦犹太人社群——或者称为"前进中的国家"更合适，完全不赞同他们的行动。但这并没有阻止一些"伊休夫"领导人会见阿巴·科夫纳并听取其意见。蒂娜·波拉写道，在阿巴·科夫纳1945年9月与哈依姆·魏茨曼的一次会面中，当时还未成为总统的哈依姆·魏茨曼表示，如果他还年轻，身体还足够健康，他也会做与阿巴·科夫纳同样的事情。没有任何证据能证实这次会面，没有任何证据能佐证这些话。也没有证据说明阿巴·科夫纳与大卫·本·古里安的会面是真实的。但可以证实的是，如果说"复仇者"计划没有受到法律的判决，首先是因为也绝对是因为"伊休夫"社群的领导人坚决和彻底的反对，他们认为国家行动应该动员所有的力量。只是这个"复仇者"计划的规模非常小，参与其中的只有200～250人。

以色列建国之后，阿巴·科夫纳准备加入左翼政党统一工人党，回到基布兹继续进行写作。但一直到最后，他都是一位持异见人士。尤其是在德国和以色列和解这个棘手问题上，他对此坚决反对，一直都不妥协。

20世纪70年代，他一直为在特拉维夫大学校园里修建犹太人大流散博物馆而奔走。1978年开幕后，犹太人大流散博物馆与马萨达、犹太大屠杀纪念馆及哭墙一起，成为多年来游客光顾最多的以色列景点。

出埃及记

1947年7月11日。一艘名为"出埃及记"的船只离开塞特港,驶向应许之地。

从1945年第二次世界大战结束之后开始,成百上千的欧洲犹太人重新聚集,回到了德国、奥地利、意大利及被同盟国控制的难民营。其中有大屠杀的幸存者,他们不愿意再回到原来的国家,准备前往巴勒斯坦。

1946年11月,负责阿利亚运动(犹太人大规模移民运动)的几个组织买到了一艘名为"沃菲尔德总统号"的美国船,并将此船改名为"出埃及记",准备借助这艘船进行大迁移。这些组织当时都是秘密组织,因为负责托管的英国政府不允许犹太人的迁移活动。这艘船装载了4000多人。这次行动的目的,一方面是要进行一次前所未有的大规模营救,另一方面也是想通过这次行动在国际上引发最大的反响,以得到联合国调查委员会的注意。

1947年7月初,4500名正式获得哥伦比亚集体签证的犹太难民离开德国的营地前往法国南部,登上了停留在古老的塞特港的"出埃及记"。这次由犹太人建国会组织的行动,获得了法国政府成员社会党的支持、帮助和祝福。他们对这个前进中的国家深表同情。

船只航行的整个过程中,一直都有英国的远程拦截机和驱逐舰紧紧跟随,英国方面想等船一进入以色列海域就立即逮捕船上的人。英方舰机一直逼迫船只往塞浦路斯港的方向行驶。到达港口后,英方与不愿意走下"出埃及记"的乘客们爆发了一场激烈的冲突,最后导致3人死亡,3人受伤。7月20日,"出埃及记"上的犹太难民被英国的船只带回他们从法国出发时的港口。这是一场力量的较量。船只在布镇港口停靠后,尽管船上酷热难耐、异常拥挤,但船上的犹太人仍然不愿意下船。英方坚持要他们下船,但法国当局拒绝执行这项命令,表示愿意接待下船的人,但是要让他们自由选择。当时的法国政府发言人正是弗朗索瓦·密特朗。他强调,法国愿意站在人道主义的立场上,在法国的土地上给犹太人提供安身之所,但是只有在他们同意的情况下才会这样做。最后,极少数犹太人下了船,大多数人发起了绝食抗议,这一举动引发了全世界范围的支持浪潮。在经过了一系列秘密会谈和艰难的谈判之后,英国政府通过当时的外交大臣欧内斯特·贝文发声,决定让这些犹太难民重新回到他们在德国的营地。这一举动引起了以美国总统哈里·杜鲁门为首的美国人的极大愤怒。从此以后,美国开始深度干预以色列的事务。这件事甚至引发了当时犹太复国主义领导者内部的激烈讨论。哈依姆·魏茨曼同意让这些难民在法国下船,但是大卫·本·古里安则完全反对。

1947年9月8日,船上的人受武力胁迫,不得不在德国的汉堡港下了船。他们被全副武装的士兵拖拽到地上。这一切都被几个记者看在眼里。这些记者当中，有年轻的法国记者雅克·德罗吉，他为法国报纸《义勇兵》报道了"出埃及记"事件，后来还为此写了一本书，名字叫作《"出埃及记"的故事，以色列的回归法》。其中大部分犹太人在德国的难民营停留了一年多，一直到以色列建国后才被允许回到以色列。

"出埃及记"成为一座丰碑，也成为历史上的一个传奇。奥托·普雷明格导演为此拍摄了一部电影（1960年拍摄，以列昂·尤里斯的历史小说为基础，保罗·纽曼在里面饰演船长阿里·本·迦南）。但这同时也是一场与英国当局的较量。这件事深刻影响了联合国的决定。1947年11月29日，联合国大会通过投票同意了巴勒斯坦分治决议。

1950年7月5日，以色列议会投票通过《回归法》。法案声明，所有的犹太人，无论他们身处何地，都有权利移民到以色列人民历史意义上的祖国。

库姆兰的文稿

1947年11月29日。以色列考古学家埃利泽·苏肯尼克来到伯利恒,寻找死海最早的文稿。而此时,联合国大会正准备为巴勒斯坦分治决议投票。

这是以色列历史上最重要的考古发现。据说,死海海边库姆兰地区附近,一个名为穆罕默德·埃尔·迪布的贝都因人在放羊的时候发现了几个罐子,罐子里装着几卷公元前1世纪、公元前2世纪甚至公元前3世纪前的卷轴。目前部分卷轴收藏在耶路撒冷图书博物馆。

苏肯尼克和其他的考古学家不一样。他通过自学的方式,立志要将犹太人的考古学发扬光大。

1947年11月29日,当"伊休夫"们正在焦急等待联合国关于分治投票结果的揭晓时,苏肯尼克起身乘坐大巴奔赴伯利恒。他的妻子和儿子试图劝他放弃(后来他的儿子伊加尔·雅丁继承了他的事业,也加入了文稿的搜寻之中)。过程并不顺利。阿拉伯人和犹太人之间的关系很紧张,联合国的投票也没能让气氛有所缓和。他对此毫不在意。他必须要看到这些卷轴。他必须要成为第一个看到这些古老文稿的以色列人。天黑的时候，他带着两卷文稿回到家中，一卷是《战争卷》，一卷是《感恩卷》。一个月之后，他又去了伯利恒，带回第三卷《以赛亚书卷》。

他的儿子伊加尔·雅丁，曾担任以色列军队参谋部的军官。他立即从父亲手中接过找寻文稿的接力棒，继续其未完成的事业。

已发现的文稿中有希伯来圣经中最早的文本（尤其是关于以赛亚的文稿），这成为多年来研究的焦点，具有极其重要的价值。因为这些文稿的发现能够对第二圣殿末期犹太教的研究有所启发，也有助于1世纪的转折点和基督教起源的研究。

这些手卷的大部分是用希伯来语写成的，还有一部分用了阿拉米语，极少一部分用了希腊语。因此人们认为，这些手卷的誊清或书写是在公元前3世纪到公元前1世纪完成的。

一些考古学家认为，耶路撒冷的犹太人为了保护和收藏文稿，赶在第二圣殿倒塌之前把这些放着文稿的罐子藏在了山洞里。但这种说法并不能解释为什么一些不属于传统资料的"外部"文稿也混在其中，这也不符合犹太教"主流"的习惯做法。

还有一些人通过研究古代的历史学家如亚历山大的菲隆、老普林尼、约瑟夫斯等人的著作，认为这些文稿最有可能属于当时与艾赛尼派关系最为密切的库姆兰图书馆。发现文稿的先驱、最先获得三卷文稿并最终将之贡献给耶路撒冷希伯来大学的苏肯尼克首先提出，文稿可能属于艾赛尼人。其他考古学家将基督教的起源与生活在死海边上的艾赛尼人联系了起来。

古卷重现天日已六十余载，所有的秘密是否都不言而喻？这个答案无法确定。从中是否能找到深度改变考古学家们已有视角的新方法？这种假设也不能完全被排除。

无论如何，对这些古卷的研究创立了一座丰碑，也引发了论战。人们批评古卷被公之于众的时间太过滞后，质疑有些消息可能被封锁。今天，所有的古卷都被展示出来，向公众开放，甚至在网上也可以看到。来自以色列、法国及美国的新一代库姆兰研究者们前赴后继，仍然在研究的路上。

年迈的雄狮

1948年5月14日。大卫·本·古里安在特拉维夫博物馆宣布了以色列国的成立。

在距离以色列南部斯代博格基布兹不远的地方，有一座坟墓矗立在一块峭壁上，峭壁外风景秀美。坟墓上有两个日期，一个是出生的日期，一个是死亡的日期，还有一句简短的话："1906年，他来到以色列。"阿利亚运动让他获得了新生，让他改了姓，让他将出生地从波兰的普翁斯克改为格林。历史学家约瑟夫斯在其某部作品中写到过，某个反抗罗马的运动中有一位首领的姓氏叫本·古里安，因此他选取这个姓氏做了自己的新姓氏。

纵观他活跃的一生，一直到退休，他时刻都在准备着去为"伊休夫"服务。

——20世纪20年代，他领导犹太人总工会为工人阶级就业而奋斗；

——20世纪30年代，他领导犹太复国主义组织，反对英国政府颁布的限制犹太人移民的白皮书但支持英国军队抗击纳粹主义的盛行；

——领导犹太人的防卫组织哈加纳，这个组织是以色列国防军的雏形（是他向被伊尔贡组织租赁的船只"Altalena"开火，所有武装组织都感受到了他的雷厉风行）。

1948年5月14日，是他代表临时政府，宣读了以色列政府的独立宣言，同样是他，从1948年到1963年领导了第一届以及之后的几届以色列政府。

周五下午的4点，临时政府的成员、"伊休夫"社群的负责人、名门望族、新闻通讯界的男女记者们都聚集在位于罗斯柴尔德大街的特拉维夫博物馆。因为整个城市都被包围，耶路撒冷城的一些成员没有来。大卫·本·古里安身着深色西装，并佩戴着与西装搭配的领带，他的妻子波拉身着优雅的黑色长裙站在他旁边。古里安隆重地、一字一句地宣读了独立宣言："我们在这里宣布，在以色列的土地上，一个犹太人的国家成立了，这就是以色列国。"他金属般的声音在西奥多·赫茨尔的肖像和两面蓝白相间的以色列国旗间回响。菲诗曼·迈蒙拉比诵读了对"新事物"的传统赞歌，在场的所有人都唱起了国歌《希望之歌》。在这个欢乐的日子里，当大街小巷都沉浸在喜悦之中时，这头年迈的雄狮却觉得自己是"幸福人群中的一个悲伤的人"。后来他在日记中写道："今天下午4点，以色列独立了，以色列国成立了。它的命运从此掌握在防卫军的手中。"

他说的并没有错。阿拉伯武装力量（埃及的、叙利亚的、约旦的）很快占领了这个国家。战争是残酷的。战争必须在所有前线上都取得胜利，但这个胜利是残忍的，因为年轻的"伊休夫"社群里数百上千的人为此付出了代价。

以色列民主议会诞生了。选举、联合执政、新闻自由、司法独立,本·古里安尽职地履行着每一项职责,尽管有些政策他并不认同。当他意识到自己不被认可的时候,他递交了辞呈,出人意料地选择了退居到新建于贝尔谢巴市南部一块沙漠中心的基布兹。这个基布兹给他提供了一处住所,一间大卧室可以存放他的1000本书(现在游客仍然可以参观)。波拉对他这个怪异的想法并不满意,但她还是跟随他来到了这里。本·古里安用《雅歌》中的诗句来赞美这个陪伴他四海为家的女人,即便是去到沙漠里这个寸草不生之地。

1966年10月16日,天气酷热难耐,气温超过了40度。这头"年迈的雄狮"准备在内盖夫地区的斯代博格基布兹庆祝自己80岁的生日。自从他离开了政府、远离了政坛甚至不再担当议员之后,他一直居住在这里。作为国家的创建者、毫无争议的党派领导人,他在退出以色列工党之前担任了连续好几届的总理,最终创立了"拉菲党",但"拉菲党"最终还是未能在以色列议会中占据有力的席位。这对他来说是个不小的打击,因此他决定退居沙漠,就如当年的辛辛纳图斯一样。

庆祝生日那天,他在自己居住的斯代博格基布兹里接待了100多位客人,其中包括执意要来的国家总统。总理没有出席,但这个只被以色列人以"老人"称呼的人,依然受到了全国人民的祝福和爱戴。即使那些曾经和他冷战过,甚至发生过激烈争吵的知识分子,如耶沙亚胡·莱博维茨、马丁·布伯、格舒姆·舒勒姆等人,也发来了祝福的电报。他与他们继续保持着紧密的联系。政治占据了他50多年的生活,他现在与之保持着一定的距离。他收集了一些关于自己的资料，准备写回忆录。但他并没有真正动笔，他更像是一个读者，醉心于历史，潜心于哲学和宗教。每次朋友或者家人去国外，他都会仔细叮嘱他们，按照他列好的单子为他带回各种书籍。米迦勒·巴尔－祖海尔和沙卜泰·特瓦特两个传记作家负责为他写传记，他也不时地接待新闻记者。

最近我们从斯皮尔伯格的 35 毫米胶片电影的工作样片资料中发现，他和当时作为访客之一的一位英国导演进行了长达 6 个小时的访谈。这些内容从来没有公开播放过。对这位"年迈的雄狮"最后时期的访谈，被节选出来制作成一部纪录片，于 2017 年进行了公开放映，起名为《本·古里安，尾声》。犹太民族是被选定的民族吗？犹太人民有未来吗？作为一个领导人应该具有的政治道德和人格品质，独立战争，西奈半岛战役，六日战争，大屠杀，与德国的关系正常化，修复和道歉……他对这些问题表达了自己的看法。他打算与缅甸总理吴努一起"冥想"并探讨犹太教和佛教。他也列举了先知关于爱情和异乡的诗句。人们感受到了他一生的颠沛流离，也惊奇地发现他竟然喜欢倒立，因为他觉得那是最能让他放松的一种姿势。

这就是本·古里安。以色列国的创始人和建立者，带领以色列接受洗礼的人。如果没有他，没有人知道以色列是否还能重见天日。无论怎么说，是他在最关键的时刻将以色列从梦想带进了现实。他很有远见，不仅仅是关于以色列。例如，他曾预言苏联最终会走向民主化的进程，也预言东欧和西欧最终会形成统一的联邦。他相信以色列和中国及印度最终会发展外交关系。他认为癌症的治疗方法最终会被找到，人们可以活到100岁。所有这些预言都或多或少地实现了。但是，他认为20世纪结束前，以色列和阿拉伯国家之间会签署和平协议。很不幸，这到目前还未实现。

他逝世的前五年也就是80岁生日过后仅仅两年，六日战争爆发了。正如一位传记作者所说，这是"古里安时代的终结"。这头"年迈的雄狮"仍然是参谋部负责人伊扎克·拉宾的顾问。他的死敌梅纳赫姆·贝京也要求他重新回到政坛。社论作者们也呼吁他赶紧回来。但82岁高龄的他已经无法再担负起推动国家前进步伐的重任。这场他并不期望爆发的战争以闪电般的速度结束之后，他终于能够表达自己的想法。除了耶路撒冷和戈兰高地，他反对吞并其他被占领的领土。在他看来，和平比领土的完整更加重要。他希望国内大部分犹太人的安全能够得到保证。

阿妮塔·沙皮哈①曾写到，在他逝世前不久的一次演讲中，他表示，在他看来，以下三个方针足以解释犹太人民关于独立的定义：

——让流亡在外的犹太人重新聚集在一起；

——让沙漠保持繁荣；

——构建"民族的一束光"的意愿。

---

① 阿妮塔·沙皮哈：《本·古里安，现代以色列之父》，以色列"Am Oved"出版社，耶路撒冷，2016。

第一张签证

1948年。作家约瑟夫·凯塞尔获得了以色列政府签发的第一张签证。

《在海法,我获得了以色列政府的首张签证》。这是当时《法兰西晚报》的头条标题,标题上方是该报特派记者的签名。身为作家和著名记者的凯塞尔写道,他的飞机第一个抵达以色列的土地。4天前,大卫·本·古里安刚刚宣布以色列独立。

当时凯塞尔50岁,已经著作等身(《行装》《白日美人》《影子部队》《无忧过客》……),后来这些著作都被改编成电影,获得了很好的票房。

他是立陶宛犹太人的后裔。和罗曼·加里一样,他加入了自由法兰西部队。当《葛林果报》开始站在亲纳粹的立场上时,他不再为这个报纸写文章,转而投身抵抗运动,并与他的侄子一起创作了《游击队之歌》的歌词。战争结束后,他报道了贝当审判和纽伦堡审判等事件。

当时,他刚刚从巴黎租用了一架私人飞机,准备登陆正处于水深火热之中且被托管政府控制的巴勒斯坦。当时整个国家都在疯狂战斗。飞行员坚持要在特拉维夫着陆，但塔台通过耳机命令他在海法着陆。事实上，当天早上英国政府其实就已经放弃了对飞机场的管控。因此，弄巧成拙，凯塞尔的飞机正好成为第一个到达以色列国土的飞机，他们的机组也成为第一个被机场接收的机组。

接待高大魁梧的凯塞尔的年轻人紧握着他的手，满脸神采奕奕的表情。他的脸上堆满了笑容，给每一位新的来访者的护照上都重重地盖上一枚带着以色列人激情和喜悦的印章，好像是在对他说："这是我们国家的第一张签证，您真是太幸运了！"

"Altalena"号轮船事件

1948年6月22日。在本·古里安的命令下,一艘负责运送伊尔贡组织军火的船只被摧毁。

该事件被视为以色列建国过程中具有重要意义的一个事件。过去很多年人们对此事的看法不一,现在对此事的看法也是各持己见。

这艘船被命名为"Altalena"号,是犹太复国主义修正主义的创始人泽维·贾鲍京斯基的笔名。船上装载着梅纳赫姆·贝京领导的伊尔贡组织的武器和近900名移民。船只到达了特拉维夫附近的岸边。几个星期前,以色列刚刚建国。新上任的总理大卫·本·古里安立即决定合并所有的武装力量——哈加纳、伊尔贡、莱希——统一由以色列国防军管理。他强势地发布了一条任何人都不得抵抗的命令:解除所有民兵及敌对势力的武装,将他们融合为一支由自己负责指挥的部队。冒着置国家于危难之中的风险,他不容忍任何人抵触这条命令。"Altalena"号轮船的登岸有可能会造成城市的摧毁。但伊尔贡拒绝将自己装载的武器交给以色列国防军。双方的会谈一拖再拖，最后没有达成一致。政府的新首领大卫·本·古里安当机立断。他毅然决然地决定拼死一战，做了一生之中最沉重、最关键也是最果断的一个决定，下令在伊尔贡武装部队卸载武器的时候向他们的船只开火。他们不费吹灰之力就让伊尔贡的船只进了水，双方的交火最终以损失惨重告终，18名士兵牺牲，其中包括16名伊尔贡的士兵、2名以色列国防军。

历史学家索尔·弗里德兰德曾是这艘船上的乘客之一。他在《记忆来临之时》（瑟伊出版社）一书中记录了这段历史。梅纳赫姆·贝京是否下令返回的时候不要开火？这是贝京在其自传《反抗》一书中提出的问题。贝京在他去世之前不久曾说过，他更愿意人们记住的，是一个避免一场自相残杀战争爆发的贝京。

这个事件给所有置身其中的人都留下了内心深处的创伤，也给这个民族的记忆里留下了伤痕。本·古里安也多次表示，他认为这是一场悲剧，但他同时认为，这是一场正义的、不可避免的灾难。

莫斯科的赎罪日

1949年10月3日。以色列驻苏联代表果尔达·梅厄来到莫斯科市的犹太大教堂,参加赎罪日活动。

在她的记忆里,有两个时刻深深地触动过她,令她终生难忘。第一个时刻,是她被选为在特拉维夫博物馆宣布独立宣言的重要人物之一。她出生在乌克兰基辅,又在美国的密尔沃基度过了幼年时光,1921年移民来到以色列。她承认,当像所有人一样把手放在这本庄严的宣言上时,她忍不住开始啜泣。

第二天,也就是以色列建国后的第二天,她带领以色列外交使团来到了莫斯科。她被以色列政府任命为驻苏联代表。

当时需要为她寻找一个会说法语的随员,因为以色列指定法语为官方外交语言。一位出生在巴黎的年轻女性露·凯达尔被选中。露·凯达尔随着梅厄来到莫斯科,后来成为她的助手和多年密友。果尔达·梅尔森,当时人们更多地称她为果尔达·梅厄,因为当时的以色列总统想让所有人尤其是外交官使用希伯来语的名字。露·凯达尔和梅厄一样,都在俄国出生,也都喜欢抽黄烟丝。

当时是斯大林时期，这个时期后来也被埃利·维瑟尔称为"沉默中的犹太人"的时期。诚然，苏联曾经和其他一些国家一起，率先承认了以色列建国，但在这一时期，周边的意识形态、社会舆论以及主流言论都宣称排犹主义是资本主义国家的特征。社会主义国家虽然例外，但考虑到舆论，苏联犹太人和以色列之间的所有联系也都被禁止。尽管如此，在莫斯科的犹太人依然不顾各种政策的阻拦，成群结队地来到莫斯科的犹太大教堂，欢迎这位以色列外交官的到来。1949年10月3日是一个赎罪日，数以千计的犹太人聚集在阿赫帕托瓦（Akhpatova）广场，热烈欢迎这位发髻梳在脑后的年轻女性。正如一年前在特拉维夫博物馆一样，她深深地被民众感动了。一张梅厄于西赫托拉节时在同一条街上起舞的照片就此名垂千古（当时甚至被印在了10元谢克尔纸币的背面）。

这位以色列外交官在莫斯科任职期间成绩显著但为时不长。不久之后她就回到以色列担任劳工部部长，之后于1969年成为以色列第一位，也是世界上第三位女总理（当时只有斯里兰卡的西丽玛沃·班达拉奈克和印度的英迪拉·甘地两位女性担任过国家总理），开启了她漫长而又辉煌的政治生涯，担负起新的职责。

她在总理的位子上一直坐到了1973年。后来，因为1973年赎罪日战争的爆发及她在战争中的"按兵不动"，她被伊扎克·拉宾替代。

她有几句话被后人津津乐道。例如"巴勒斯坦人并不存在"，"雌性的黑豹？她们不会仁慈！"（借以影射20世纪70年代发生的一次全社会性的争论）她值得赞赏的还有一个习惯，就是和她的内阁成员们在她自己家的厨房里讨论重要的事情。

她就是这样一位受人爱戴的女总理。她简单朴素的衣着，迷人的乌克兰－美国口音，一根接一根吸着香烟的模样，以及她接待了无数次内阁成员并为他们准备出三明治、奶酪蛋糕及薄酥卷饼的厨房，成为史诗中鲜活的一页。据说有一次在美国访问时，一位美国记者打趣道："都说您能做出以色列最好的填馅的鱼，为什么不把食谱分享给我们大家呢？"她答应了对方。一个星期之后，她收到了4000多封讨要食谱的信。

爱因斯坦总统？

1952年11月9日。哈依姆·魏茨曼去世第二天，以色列向阿尔伯特·爱因斯坦提出由他来担任国家总统的请求。

这个消息并没有被立即公之于众，但很快就由以色列和美国媒体相继报道。以色列第一任总统去世之后，以色列的领导人们决定请爱因斯坦这位聪明的犹太人、伟大的人文主义者来担任以色列的第二任总统。战争爆发后，爱因斯坦立即成为犹太复国主义运动的支持者。虽然对此也持批判态度，但他始终坚贞不渝地支持着犹太复国主义运动。这位物理学家谢绝了以色列的建议，认为自己并不具有"处理人类问题"的天赋。

当时，以色列驻联合国外交官阿巴·埃班受时任总理大卫·本·古里安所托，给这位诺贝尔物理学奖的获得者写了一封情真意切的信，请求他担任总统。

爱因斯坦自然被感动了，这个举动深深地触动了他。他写了封回信，感谢了他们的良苦用心，也解释了为什么他必须拒绝他们的请求：

> 我为我们的国家以色列的提议所深深感动。当然,我在为此感动的同时又羞愧难当,因为我不可能接受这个职位。我一辈子都在跟客观事物打交道,我生性缺乏恰当地与人打交道和行政管理的经验与能力。因此,仅此一点我就不是担当如此重任的恰当人选。

他的语气委婉细腻,但答案是清晰的。他不会担任以色列的总统。

其实,已故的魏茨曼总统和爱因斯坦很早就已相识,他们之间的关系很牢固。1921年,爱因斯坦同意了魏茨曼的请求,陪同他一起来到美国,为建立耶路撒冷希伯来大学筹款。这次巡回筹款过程中他一直满腔热情,去各地宣传建立这样一所大学的重要性。这所大学保存着耶路撒冷神庙倒塌之后关于巴勒斯坦的最重要文献,他认为这里应该成为犹太人知识生活的一个中心,成为一个能让犹太世界光辉四射的机构。

两年之后,即1923年,他来到了以色列圣地。这是他第一次来到以色列。站在希伯来大学的诞生之地斯科普斯山上,他为大学成立发表了演讲。他先用希伯来语做了简短的介绍。然后,他一边抽着烟斗,一边用法语和德语继续演讲。但他的演讲主题并没有围绕他一开始提及的魏茨曼的伟大梦想而展开,而是围绕着相对论,这个让他在世界范围内声名大噪的学说。

爱因斯坦在73岁时收到请他担任以色列总统的请求。他本人也是在魏茨曼逝世一周后,通过《纽约时报》一个简短的评论文章才得知自己被提议当总统的消息。看到文章后他哈哈大笑,以为是别人杜撰的故事。后来,各路记者开始纷纷来电,想听听他的意见。爱因斯坦只是轻描淡写地回复道:"这也太荒谬了。"后来,成群结队的人来到他家,阿巴·埃班的电报也送到了他手上,他这才开始意识到事件的真实性。

如果爱因斯坦当时接受了建议并担任了以色列的总统,事态会怎样发展?当然,谁也不知道。但可以想象的是,除了总统和总理将会有同样的从额头垂下的花白蓬松的长发、可能会梳着同样的发型外,很少有事情会被改变。以色列总统只是一个名义上的职位,没有什么实际的意义。哈伊姆·魏茨曼为此也经常抱怨。他作为公众名人,不得不与大卫·本·古里安保持着特别复杂的关系。甚至有一天,他一语双关地开玩笑说:"使用手帕是唯一一件本·古里安同意我插手的事情。"

"相对论之父"爱因斯坦也主持过一些官方的庆祝活动。他并不太会说希伯来语,因此让他承担与公务相关的工作(尤其是口头演讲之类的工作)对他来说非常吃力。但他给人的感觉却恰恰相反。也许正因为如此,他习惯开玩笑。不过,每个人都知道他对自己的政治倾向非常苛刻。他支持阿拉伯人与犹太人共同生活,他认为这是最终的目标。他的想法众所周知,人们甚至觉得他可能有精神问题。人们了解他怪异的秉性,也知道他经常有不切实际的幻想。

据说后来古里安在听到爱因斯坦的拒绝之后,松了一口气。他当时的顾问伊扎克·纳文在后来的回忆录中写到,古里安曾偷偷地问纳文:"你说如果他坚持不答应,应该怎么办?"古里安又问:"我被迫向他提出建议,因为不可能不这么做,但是如果他接受了建议,那他自己就将陷入困境。"

这头鬓角花白的"年迈的狮子"并没有讽刺普林斯顿这位总是不切实际的教授。但也许他在努力地想,如何向这样一个经常忘记穿鞋子的人来提出此项建议?

逮捕艾希曼

1960年5月11日。阿道夫·艾希曼被埃瑟·哈雷尔领导的特别小组在阿根廷逮捕，后被送回以色列接受审判。

艾希曼，纳粹战犯，第三帝国的高官，"最终方案"的主要负责人，纳粹党卫军中校。战争结束后，他化名为里卡多·克莱蒙特，隐匿在阿根廷布宜诺斯艾利斯，最终被以色列摩萨德发现。他在自己家门口的大街上被以色列情报部门负责人埃瑟·哈雷尔亲自领导的特别小组抓获。他很快就承认了自己的身份，在同意接受去以色列受审的宣判书上签了字。

预审持续了9个月，最终于1961年开庭。在法庭上，这个纳粹高官之一、"最终方案"的主要负责人、曾被纳粹组织委派将来自欧洲各地的火车统一调度送往灭绝犹太人的集中营的家伙，被关在一个特制的玻璃笼子里。他被以15种罪名起诉，其中包括：反人类罪、战争罪、参与敌对组织纳粹党卫军和冲锋队、反其他民族罪、驱逐大量的波兰人和斯洛文尼亚人、屠杀了成百上千的罗姆人……

诉讼在耶路撒冷的人民会堂开庭。摩西·兰道、本杰明·

哈勒维及伊扎克·拉维三位大法官参加了诉讼，以色列政府司法顾问吉迪恩·豪斯纳担任总检察官。德国律师罗伯特·瑟法图斯担任艾希曼的辩护律师。此人曾为纽伦堡审判中的几个罪犯提供过辩护。由于以色列的法律不允许外国律师在以色列的法庭上为被告辩护，而以色列所有律师都拒绝为他辩护，因此罗伯特·瑟法图斯成为一个特例，以色列的现行法律也随后被修改。

1961年4月11日，诉讼开始。总检察官吉迪恩·豪斯纳宣读了他的公诉状：

> 以色列的法官们，今天，我站在这里，要起诉阿道夫·艾希曼。我并不是一个人。在我身后，在这个时刻，有六百万的控诉人。但是，他们无法站在这里，无法亲手指着这个玻璃笼子里坐着的被告人冲他喊："我要控告你！"因为，他们的骨灰已经被洒落在奥斯维辛的平原上，被洒落在特雷布林卡的集中营里，被洒落在波兰的河流里，他们的坟墓遍布欧洲。他们的血液在呐喊，但他们的声音已经无法被听到。也正是因为如此，我要作为他们的喉舌，代表他们来发起这项重要的指控。

阿道夫·艾希曼的辩护律师用四项准备好的证词来反驳当庭的诉讼：

1. 法官也是当事人，因此完全有理由相信他们不会客观地来看待事实；
2. 不能审判一个在以色列国土之外被逮捕的人；

3. 用来审判他的法律依据制定在他实施犯罪行为之后，并不具有可追溯性；

4. 他在实施这些犯罪行为时，以色列这个国家还不存在。

法庭驳回了他的全部辩词：

1. 从客观来说，法官也是有血有肉的人，他也有情感。但是法律要求他必须合理地把控好这样的情绪，否则他就永远不能接触可能会被否决的案件，诸如背叛、谋杀或其他大案特案；

2. 法庭必须基于事实，这一原则适用于任何一个案件，无论被告是以什么样的方式被带到审判他的国家的司法管辖范围内；

3. 审判艾希曼所依据的法律并没有创造新的法律条约，只是用来在法庭上确认被告的行为在全世界都被公认为有罪，其中也包括德国；

4. 至于犯罪实施时以色列还未建国的事实，法庭辩护称，灭绝犹太人的计划当时针对的也是生活在"前进中的国家"里的犹太人。

1600 份证据被带上法庭，其中还有一些艾希曼的亲笔签名。一百多位证人也出现在法庭上，其中不少人是集中营的幸存者。他们之中有一个名叫 T. 卡茨金的人，他的表现令所有庭审现场的人难忘。他在听证会过程中晕倒了，后来轮到他作证时，他称奥斯维辛集中营为"另一个星球"。也正是在集中营里，诗人阿巴·科夫纳在战争中投身犹太人的抵抗运动。

还有不少在战争中见过艾希曼的人提供了证词，他们当时都对拯救犹太人丧失了希望。来到法庭的还有一名反纳粹德国的牧师，他当时正在努力挽救改变了信仰的犹太人。还有

"互救会"的成员，当时他们尝试着与艾希曼协商，想要去为匈牙利犹太人社区提供援助。

控告状长达几百页，整整用了三天才全部读完。最后，艾希曼承认了针对自己的15项罪名指控。

1961年11月15日，法院宣读了判决书，艾希曼被判处死刑。1962年5月29日，上诉维持原判。一份附有艾希曼本人、他的妻子及五个孩子、一些以色列知识分子签名的信被递交到了以色列总统手里，请求减轻对他的量刑，但是遭到拒绝。艾希曼在拉姆拉的监狱里被执行了绞刑，他的骨灰被洒进了以色列领土之外的海域。

这场历史审判被世界媒体广为报道。尤其在以色列，大屠杀幸存者们提供的证词引起了强烈的反响。和其他地方的幸存者们一样，在战争结束后的十年里，他们既不愿意再听到，也一直努力去忘记有关这段时间的一切记忆。突然之间，历史上的这一页被重新翻开，人们发现，欧洲发生的这场悲剧的规模竟如此之大。被深深隐藏在这个民族意识里的各种壮举不断被发掘，不仅仅是华沙犹太社区的战斗，不仅仅是对纳粹主义的反抗，还有那些为了向历史证明而努力活下来的人。

战争结束后人们经常问到的问题"为什么你们甘愿做待宰的羔羊？"被另眼看待。犹太社会诞生了一种新的意识。诗人纳坦·奥尔特曼在审判结束后写道：

> 我们都知道，我们之中有另一个世界的人在行走，我们每天都会与他们擦肩而过，在大街上，在办公室里，在商店里，在市场上，在集会中……但是，似乎只有在这场

可怕的审判当中，当这些证人一个个地走进法庭的时候，这些幸存者才得以走进我们的意识当中，让我们彻底醒悟。我们这才意识到，他们是我们所属的这个鲜活的民族形象里不可磨灭的一部分。(1961年6月9日发表在工党报纸《达瓦》上)

一场海难

1961年1月11日。一艘载着摩洛哥犹太移民的小船,沿着直布罗陀海峡缓慢行驶。这艘小船将带着船上的人前往他们的应许之地。

这艘简易的小船上载有43名犹太移民,他们准备前往圣地以色列。在一个伸手不见五指的夜里,小船漂泊在一望无际的海面上。一场突如其来的暴风雨打翻了小船。这艘船是秘密穿越直布罗陀海峡的,之所以选择在夜间出行,是为了避免引起摩洛哥当局的警觉。

船长是一个西班牙人,他和机械师很快就爬上了一艘皮艇离开,成为该船唯一的幸存者。船上的指挥是一个名叫哈依姆·瑟法提的以色列人,他留在船上,千方百计地向外界呼救。所有人都陷入恐慌,以至于他们无法快速穿上救生衣。最后,所有人都被大海吞没。后来,人们在岸边发现了22具尸体,他们都因为寒冷和溺水而失去了生命。其余的人都已消失在海浪里。44个遇难者中,大部分是孩子。所有人的尸体都被草草地埋在阿尔·胡塞尼墓地,没有宗教仪式,没有葬礼,也没有陵墓。以色列想展开调查确定一下当时的情况，但要从何而知？没有一个目击者能描述当时的情景，仅有的两个幸存者也早已人间蒸发。

1960年初的摩洛哥完全禁止本国国民离开其国土。但其实从1956年摩洛哥宣布独立开始，就已经有人不断离开，就像过去那些不顾所有艰难险阻而逃离的人一样。所有人的逃离都是秘密进行的。

一直到30年后，摩洛哥才同意将这些人的尸体运回以色列。1992年9月，摩洛哥国王哈桑二世同意将这些人的尸体运回以色列并正式安葬。这些亡灵在赫泽尔山上接受了为他们举办的祈祷和仪式。

平庸之恶

1963年3月。汉娜·阿伦特的《艾希曼在耶路撒冷》一书出版。

阿道夫·艾希曼在拉姆拉的监狱里被执行了绞刑。他的骨灰被洒在了以色列国土之外。两年之后,《艾希曼在耶路撒冷——一场关于平庸之恶的报道》一书的英文版在美国问世。1966年,法国伽利玛尔出版社推出这本书的法文版,但一直到2000年初,这本书的希伯来语版本才得以问世。

这本书汇集了汉娜·阿伦特在审判期间发表于《纽约时报》上的所有报道。该书一经出版,立即在美国的犹太人中引起轩然大波。但以色列的知识分子对此却没有过多的评价,除了阿伦特的两个朋友格舒姆·舒勒姆及库尔特·布卢门菲尔德。

她为什么遭受争议?人们指责她对这场审判的质疑,在她看来,这场审判是以色列社会的一次精神的宣泄。人们指责她将艾希曼描述为一个没有思想、没有信仰的德国高官,她认为这就是一种"平庸的恶"。同样受到指责的还有她不留情面地对被纳粹操纵的犹太人委员会的批评。她的作品,包括她围绕集权主义所做的大量的研究,无论在美国还是在以色列,从未打动过以色列人(她的书从来没有在以色列出版过,除了40年后才在以色列出版的《艾希曼在耶路撒冷》)。她的朋友舒勒姆对她的总结被大众所认可:

> 在犹太人的传统里,有一种非常难以形容却又显而易见的东西,那就是对以色列的热爱。亲爱的汉娜,在你身上,我却一点也看不出来,就像在其他德国左翼知识分子身上看不出来一样。

饱受争议的汉娜回答道:"我不喜欢集体,我只把这种感情留给个人。"

希伯来语版本的书问世之后,在以色列国内引起了轩然大波。小说家芭提雅·古尔又重新回到了这个话题上:"这本书所表现出来的不仅仅是对犹太人的冷漠,也是对全人类的冷漠,无论是对哪一个民族而言。"

汉娜·阿伦特对以色列问题的立场在之后也发生了变化。一个有力的证据就是她的密友玛丽·麦卡锡,从她与之多年的联系就可以看出这些变化。当汉娜·阿伦特处于舆论旋涡中时,玛丽·麦卡锡这位小说家决定拿起笔来为她辩护。

无论如何,她们肩并肩地一起经历了这件"奇怪的事"(阿伦特如是说)。汉娜·阿伦特也有表达不满的时候。就像这封信里所说:"那天和乔治(英国编辑)一起吃饭的时候,我对他说,关于我的这场争论可能会导致我以后再也不涉足以色列的事。这让他特别吃惊。"这样的表述并不少见。

随着时间推移，她俩的私交仍在继续。尤其是1967年以及六日战争结束后的日子里，她开始向麦卡锡表述，她觉得有必要表达出以色列对她的意义。她写道："我发现以色列所经历的这场悲剧，比起几乎任何事情，都更能触动我的内心。"人们猜想这个"几乎"指她的丈夫海因里希，他于几年后去世。

她还有一个关系特别亲密的朋友，那就是库尔特·卢门菲尔德。他们之间联系频繁且密切，但他们的友情在艾希曼的审判结束之后就终止了，尤其是在汉娜·阿伦特的作品出版之后。库尔特·卢门菲尔德是出生于德国的犹太复国主义活动家，居住在耶路撒冷。当时他已重病在身，但他同样指责阿伦特的态度。2013年，在玛加蕾特·冯·特罗塔（非常著名的传记片导演、法裔德国女导演）拍摄的一部关于汉娜·阿伦特的电影中，这个卧病在床的老态龙钟的男人转过身，用后背对着他最亲密的朋友。电影中的这个形象，也证实了这一点。

大马士革的绞刑

1965年5月18日。间谍伊利·科恩在叙利亚首都大马士革的一个广场上被公开执行绞刑。

在耶路撒冷的赫兹尔山上，有一个纪念伊利·科恩的铭牌。从铭牌上可以得知，他是索菲和苏尔·科恩的儿子，出生在埃及的亚历山大，在执行公务时牺牲。铭牌上的语言朴实无华，并没有说他在大马士革的广场上被执行了绞刑，也没有说诸多国家（法国、比利时、加拿大）元首及保罗六世教皇为他做的求情及希望叙利亚政府重新审判的请求均石沉大海，更没有说他的家人尤其是他的妻子纳蒂亚反复请求让他的遗骸重归故里，但这个愿望始终没有实现。

伊利·科恩1924年出生于埃及，起初在亚历山大大学学习工程学，后来因以色列独立战争的爆发不得不停止了学业。以色列独立战争的爆发也使埃及反犹气氛愈演愈烈。1957年，他返回了以色列。

1960年，他加入了著名的情报组织摩萨德。摩萨德将他包装成一个长期生活在阿根廷布宜诺斯艾利斯的阿拉伯商人，给他起名为卡马尔·达巴特。他伪装成一个重回叙利亚的纨绔子弟，开始学习阿拉伯语，并学习有关伊斯兰教的课程，以加深对伊斯兰教的认识。在阿根廷的时候，他就已经融入了布宜诺斯艾利斯的叙利亚－黎巴嫩社区，拜访当地的领导人，请他们写信将他介绍给大马士革的当权者。他逐渐获得了几个叙利亚高官和军官的信任，甚至获得了后来成为总理的哈菲兹·阿萨德的信任。他甚至被询问是否愿意担当叙利亚国防部长的助手。更成功的是，他参观了叙利亚在戈兰高地的防御工事，向以色列的情报部门报告了叙利亚部队防卫要塞的位置。据一些证人说，他建议叙利亚官员在这些防卫要塞周围种植桉树，声称这些桉树可以成为前线的天然屏障。这些信息对以色列来说都是如获珍宝。因此，在六日战争中，以色列国防军轻而易举地定位了叙利亚部队的位置。

伊利·科恩的哥哥莫里斯称，伊利·科恩被埃及反间谍部门发现的时候，已经是哈菲兹·阿萨德的第三位继承人。从他的公寓里传送出来的电报信号使他暴露了自己。

对他的诉讼以非公开的形式于2月22日进行。没有律师在场，甚至他的法国律师、后来出版了《我们的间谍在大马士革》一书的雅克·梅西耶也不在现场。记者们也未被允许观摩这场诉讼。

1965年5月18日凌晨两点，一列军方的车队停在了城市中心的广场上。大马士革的大拉比尼西姆·安迪波－科恩，与伊利·科恩一起进行了祈祷，叙利亚的第一刽子手将他送上绞刑架。伊利·科恩交给拉比一封以阿拉伯语写成的信，请他转交给他的妻子：

我亲爱的纳蒂亚,我亲爱的家人,在我留给你们的最后几句话里,我希望你们永远地团结在一起。我希望我的妻子能够原谅我,请她照顾好自己,教育好我们的孩子。总有一天,我的孩子会因为我而感到骄傲。亲爱的纳蒂亚,请你重新嫁人,寻找到一个能真心实意想做孩子父亲的男人。不要为已经发生的事情去哭泣,去浪费时间,要向后看。我向你们献上我最后的亲吻。请为我的灵魂升上天堂而祈祷吧!

纳蒂亚一直没有改嫁。她一直忠于她深爱的丈夫,也从未失去让丈夫的遗骸重回以色列的信心。

伊利·科恩被认为是当代最著名的间谍之一。在以色列,他被视为一个真正的英雄。很多路以他的名字命名,甚至戈兰高地还有一个以他的名字命名的村庄。20世纪60年代在叙利亚所做的一切,是他成为六日战争首席功勋的主要原因。

语言的守护者

1965年6月13日。哲学家马丁·布伯在耶路撒冷逝世。

"捍卫人性的卫兵。"这是布伯的法国传记作家多米尼克·布莱尔形容他的话。这位传记作家用尽其毕生的学识、热情和知识，完全投身文献、书信及典藏中，就为了向世人呈现出一个全面的马丁·布伯。传记于2000年年初问世，向读者展现了这位哲学家的思想历程、哲学历程、社会学历程及其关于犹太教和犹太复国主义的思想。作家贝尔纳·杜比曾用这样的话来形容布伯："站在犹太复国主义的立场上来护卫犹太教的人。"正像布莱尔所写的那样，马丁·布伯首先是一个自相矛盾的个体。他是一个相信上帝的知识分子，一个对圣经感兴趣的哲学家，毕生游走于犹太复国主义边缘的人，也是一个被纳粹从德国赶出来的人。布莱尔将他形容为"幸运的犹太人"里的一个典型。

他真的是一个幸运的犹太人吗？

布莱尔说："在这一代人身上，很难形容什么样的人才是一个真正幸运的犹太人。但无论如何，马丁·布伯在他的生命中实现了很多东西。在这样一个世界各地都处于战争的大环境下（包括大屠杀的发生和以色列国家的伟大创立），作为一个知识分子，他能坐在写字台前完成《圣经》的翻译，坚持撰写他建立在哲学人类学思想上的《我与你》一书。尤其是在晚年，他为获得阿拉伯人的承认而不懈努力，无论是在基督徒还是穆斯林中间，他都获得了一定的认可。因此，他是一个幸运的犹太人。无论如何，他自己对此也不否认。"

他并不是一个幸运的犹太人。他总是说自己不被人理解。现在人们回忆起"布伯的回归"时，第一个跳入脑海的人，恐怕就是布莱尔了，哪怕是在以色列。以什么样的形式？用什么样的方式？布莱尔对这些问题有很明确的答案。

> 首先，全世界都对这个德国犹太人的世界非常感兴趣。长期以来，德国犹太人受到了残酷的压迫。他们曾经消失过，现在又重新获得关注。人们发现，德国的犹太人和中欧的犹太人在犹太复国主义的历史上发挥了重要的作用，首先是在以色列建国的事业上。布伯并不完全是一个德国犹太人，但他经常将自己融入这个群体。现在，人们在这个问题上做了很多研究。以色列国遇到的政治问题也不断地证明布伯是对的。但以前人们并不听他的建议，尽管他不是唯一提建议的人，还有萨缪尔·雨果·博格曼、马格奈斯及其他德国犹太人。战争还没有结束——尤其是在地缘政治比较特殊的地区——他也不认为战争很快就能结束。

马丁·布伯逝世已有 50 多年。他在逝世之前没有看到自己的任何想法得以实现。尤其是他关于对话的预言。他认为,即使没有谈话的对象,也应该不遗余力地寻求对话。

对布莱尔来说,马丁·布伯的预言是一个太概念化、太唯心论的东西。人们经常批评本·古里安,这并没有错,本·古里安本身就是一个现实政治者,他每天都在玩弄政治,这也是治国的手段。但布伯的看法却同圣经如出一辙。这就是一个从小就每日都生活在圣经里的布伯。在现实中,他关于犹太复国主义和以色列建国的思想都是非常圣经化、唯心论及理论化的,到今天为止也很难被大众接受。现在,若想要重新理解他,看看他写的那些书就够了。

事实上,本·古里安和布伯的关系非常复杂。他们时而针锋相对,时而又相互敬仰。本·古里安将布伯视为一个浪漫主义者。就像人们经常说赫茨尔那样,他经常表现出适度的豁达,以为了"接受被他视为生活点缀的浪漫主义"。

在本·古里安和布伯之间,存在一种"我与你"。这也许是一个大胆的比喻。也就是说,他们经常准备对话,经常尝试着进行交流。马丁·布伯也说,他深知这种面对面交流的困难。布伯太聪明了,因此他鄙视本·古里安,本·古里安也是如此。但他们之间仍然互相欣赏。你知道,我是一个整日躺在旧书堆里的人。如果有一天,人们发现一封封为庆祝生日或其他场合而写的洋溢着赞美之辞的书信,我一点也不会吃惊。这是表面上的,但本·古里安经常帮助他,请求他,也经常来看他。当 20 世纪 60 年

102　代在以色列建立科学院的时候，马丁·布伯成为科学院院长的不二人选。我想本·古里安确实为此做了不少努力，就像后来的政府为莱博维茨所做的努力一样。当时也有一些负面的声音，但必须要克服。布伯一直将自己视为一个以色列人、一个耶路撒冷公民，他非常清楚自己应该感谢本·古里安。因此，他们的关系真的很微妙。我认为应该再写一本书来谈一谈这两个人之间的关系。巴尔·祖海尔在这方面做了很多的研究，他曾透露在以色列南部的斯代博格基布兹有很多关于这个问题的文献。

　　布莱尔该书的结尾部分有一段很有意思。他描述了马丁·布伯与联合国前秘书长哈马舍尔德的一次会面。当时这位哲学家已经步入晚年。在这次普林斯顿的会面中，他将自己描述为这个残酷世界中的"语言守卫者"。这难道不像他的自我定位吗？

　　　　很多人都知道，在人们发现哈马舍尔德被谋杀的时候，在飞机里发现了一部《我与你》的翻译样本，当时他正在翻译这本书。他曾经私下里偷偷做工作，准备让布伯获得诺贝尔奖。当时人们曾传言，如果他没有拿到诺贝尔奖，那是因为诺贝尔奖想颁给一个阿拉伯人。这实际上是两种知识分子，这种说法也不会让本·古里安恼火，因为本·古里安还是一个不守常规的国家首脑，他熟读斯宾诺莎，熟读圣经，他深知言论的分量但也试图挑战言论。马丁·布伯身上确实有一种维也纳的犹太德国人对语言的特殊追逐。因此,人们经常嘲笑布伯的写作风格。人们总会提起一个众所周知的笑话。有人问布伯他的希伯来语怎么样时,有人立即回应道:"他的希伯来语足够让人云里雾里了。"就像翻译海德格尔的人一样,即使翻译了很多年布伯的作品,译者还是不知道他到底要说什么。不喜欢哲学的人会说:"这并不奇怪,这就是哲学。"但实际上,哲学有其自身的魅力。布伯其实是一个滔滔不绝的人。在他生命的最后15天里,他还在修改自己样书中的错误,还在继续写晦涩难懂的书。他真的是一个与这段未诞生出具有壮丽语言或说辞的伟大思想的历史休戚与共的人。当他谈论圣经的时候,他说,圣经是针对每一个人的。圣经应该被聆听。如果人们聆听圣经,那就说明圣经的语言依然可以为我们所用。

诗歌与复活

1966年12月10日。萨缪尔·约瑟夫·阿格农在斯德哥尔摩获得诺贝尔文学奖。

先来说说我个人的回忆。诺贝尔奖颁奖的第二天，或许是颁完奖几天后，萨缪尔·约瑟夫·阿格农从斯德哥尔摩回国的时候途经巴黎，索邦大学邀请他进行了一次公开演讲。我们学院的院长伊曼纽尔·列维纳斯——当时是我的老师——破天荒地向我们请假，为了去聆听阿格农的演讲。我们也因此"幸运地"逃了课。萨缪尔·约瑟夫·阿格农的名字对我们来说并不陌生。我们有一位讲授现代希伯来语语言和文化的老师，这在当时很少见。我们也学习萨缪尔·约瑟夫·阿格农的作品，我们知道列维纳斯特别喜欢他。

列维纳斯读过萨缪尔·约瑟夫·阿格农希伯来语的作品吗？毫无疑问。对列维纳斯这位哲学家来说，语言并不是问题。他读过瓦西里·格罗斯曼的俄语作品，当然这是他的母语。但他到达法国不久之后，就将胡塞尔的德语著作翻译成了法语。他学过的希伯来语都是圣经化的语言，非常贴近词源，非常诗化,因此,萨缪尔·约瑟夫·阿格农的作品对他来说可能更容易理解。他喜欢他的语言,喜欢他对语言的那种若即若离的方式。他喜欢他那种去传统中寻找更具体、更深刻的东西并将它们变成更具浪漫和人性时刻的方式。他喜欢他无处不在的幽默,欣赏他那种任何事都不是大事也不是终极状态的豁达(除了死亡),以及他认为生命中的每一刻都可以用诗来描述的浪漫。

萨缪尔·约瑟夫·阿格农获得诺贝尔奖7年后,列维纳斯在法国的期刊 *Nouveau Chaier*(1973年第32期)上发表了一篇文章。他享誉盛名的《专有名词》(Fata Norgana 出版社,1976年)一书出版后,他又选用了这篇文章作为这本书的卷首语。他写道:

> 学生们知道这位哲学家让他们逃课去听萨缪尔·约瑟夫·阿格农在索邦大学演讲的原因了。学生们发现他读了阿格农的很多作品,还针对其几部重要的小说写过评论,当然都是用希伯来语写的。(这也许正说明,阿格农的这部作品是不可翻译的。)

他将他的文章起名为《诗歌与复活》。在这篇文章中,他惊叹于诗歌这门学科让语言重新找到了它的生机和活力;他尤其研究了作者通过对事物的简单列举而表达出的想法——"对犹太学者的专有名词的回忆,对以色列这个国家的指示图,上面写满了一个人甚至一条狗在以色列走过的所有街区、马路及房屋",他仔细品味历史错误的意义,认为这"可能是灵感的一种形态"。

如果说我对那一天发生的事情还记忆犹新，那我对索邦大学那场演讲的记忆则已模糊不清。但我一直记得萨缪尔·约瑟夫·阿格农在索邦大学演讲时重复的那句他在斯德哥尔摩颁奖仪式上所说的名言："因为罗马皇帝提图斯摧毁耶路撒冷这个历史性的灾难，犹太人只好流浪在他们的国土之外，我就出生在这些流亡的人所在的城市之一，但我一直自认为出生在耶路撒冷。" 50 年之后，为了纪念阿格农获得诺贝尔奖 50 周年，他的肖像及他的这句名言被印在了 50 谢克尔纸币上。

12 月 10 日，星期六，下午。一列由两辆汽车组成的车队，在两辆摩托车的护卫下，开到了阿格农在斯德哥尔摩居住的宾馆前。接到他后，车队又全速开往即将举行颁奖仪式的瑞典皇家科学院。为了节约时间，阿格农不得不在车里用电动剃须刀匆匆刮了脸。

这是一件盛事。这是希伯来语作家第一次获得诺贝尔奖。阿格农与德语作家内莉·萨克斯共同获得了这一奖项。在陈述颁奖原因时，瑞典皇家科学院的评委说"因为他洞悉犹太人生活目标的独特的文学作品"。

阿格农在演讲中回忆了他的灵感起源：圣经、犹太教文学、哈雷迪犹太教文学及德语文学（尤其是托马斯·曼的作品）。他也向听众说起，从他早期的作品开始，他就极其注重用犹太人蕴含真理的诗歌从各个方面来丰富他的作品。他的第一部作品是关于"Agounot"（被遗弃的妻子们）的，从这本书中，他找到了他的笔名。对家乡的自传性描述、对母亲去世的回忆、"徜徉在时代之花里"、一条名为巴拉克的狗的遭遇、哈雷迪的故事……他努力将所有形式融合在一起，浪漫主义、英雄史诗、讽刺诗歌、恶汉小说、微妙的情感、诗歌、民间文学……并将它们驾驭得游刃有余。

他于1970年逝世。他的作品成为以色列当代文学史上非常重要的一部分，也被翻译成多种语言。从1963年开始，在他的编辑朋友扎曼·肖肯的帮助下，他的作品被翻译成了瑞典语。扎曼·肖肯为阿格农获得诺贝尔奖也付出了巨大努力。

一个转折点

1967年6月6日。六日战争爆发。

十几年前,有人建议我组织编写一些关于纪念六日战争爆发40年的书。我很快就答应了,丝毫没有犹豫,甚至还满腔热情。因为这首先与我个人的经历有关。

那时我17岁。我记得当时我们正在疯狂地准备高中会考,每天都会听广播。朱利安·贝藏松的报道无时无刻不在强调着我们的复习重点。我隐隐约约记得,当时有一个外国的电视节目,在节目中,以色列人和阿拉伯人分别坐在两个单独的直播间里。我还模糊地记得,有一期厚厚的《当代》杂志,里面各路活动家发表的文章观点都是针锋相对。我也记得巴黎的大街小巷里为支持以色列而举行的集会。一向沉默寡言的雷蒙·阿隆打破他的稳重和谨慎,表示如果以色列消失了,他也没有了活下去的力量。克劳德·朗兹曼也声称他已经准备为之奋斗。同时,安德烈·马尔罗也在呼吁"国际纵队"加入。

那个夏天,我和同学们一起,突然开始去探索以色列。正如《以色列,为什么》这部影片里所呈现的,所有的一切看起来都是那么新鲜，那么扣人心弦。以色列人抽着埃斯科特香烟，坐着斯巴鲁汽车穿梭在大街小巷。与我们同龄的以色列年轻人坐在耶路撒冷城的酒吧里，轻歌曼舞。那些酒吧就像巴黎雨榭路上名叫巴楚思、布斯-布斯或索拉梅洛之类的小酒馆一样。很多个晚上，我们坐在老城区的饭馆里听乌姆·库勒苏姆的歌，这时候，收音机里播放着拿俄米·舍莫尔那首著名的《金色的耶路撒冷》（在她快要去世之前人们才发现，这是从一首巴斯克摇篮曲中获得灵感的歌）。报纸上满篇都是在这场涉及四个国家的战争中以色列军队凯旋的图片。加哈什·哈希维（Gashash Hahiver）表演的喜剧《面色苍白的猎人》被大众所追捧，人们热衷于模仿最"英国化"的以色列外交大使阿巴·埃班考究的希伯来口音。一个金发小伙的演讲赢得了人们热烈的掌声，因为他唤醒了人们在武器和军事技术之外的精神力量和道德观。伊扎克·拉宾，这位英勇的士兵，在经历了战争初期的险败之后，最终带领以色列国防军走向了胜利。他站在斯科普斯山上宣布：

> 可能我们从来没有学会，也不习惯如何来表达胜利的喜悦及对被占领的忧伤。这也是为什么人们表达出来的是一种混杂着各种感觉的感情。

漫画家杜什（Dosh）与幽默作家埃夫雷姆·基翁合作出版了一本名为《真抱歉，我们赢了》的书，该书被认为涵盖了这种忧伤和喜悦混杂的感情。以色列人在等待并且期望阿拉伯人肯定会发出的"来电"。停战间隙，以色列人开始不断地开发出那些他们还不知道该怎么去命名的土地。媒体在用词上还不太确定，有时称"被侵占的领土"，有时又称"被解放的领土"，但用得更多的是"被管控的领土"。后来，为了摆脱困境，有人建议用古时候的名字给这些地方命名，即《圣经》中用来指代这些地区的地理学意义上的名字——西岸。

但当时，人们看到的只是开发的魅力。人们去逛希伯伦的市场，游览伯利恒，耶路撒冷城的两边都被开放用于通行，两个地区的人口也混合而居。战争之后到来的就是和平，谁会对此质疑？阿拉伯人很快就会"来电"和解的，摩西·达扬对此深信不疑。

在以色列出版的一本关于六日战争的书中，历史学家汤姆·塞格夫提到过一个被遗忘的片段。这发生在敌对状态开始之前，对当时的气氛重建发挥了重要作用。那是在 1966 年六日战争爆发前的几个月。在离大海不远的特拉维夫市中心，有一个名为迪岑哥夫的活跃小区。它有点像巴黎的拉丁区，只是没有大学。在一个名叫加利福尼亚的咖啡馆里，聚集了一群作家和艺术家。一个英俊的年轻人、咖啡馆的主人、迪岑哥夫区的著名人物，在咖啡馆里发表了慷慨激昂的演讲。他是伊朗裔的飞行员，名字叫阿比·纳丹。他有一个信念：他要去见贾迈勒·阿卜杜-纳赛尔。他要开着飞机去埃及，找到贾迈勒·阿卜杜-纳赛尔，劝他接受和平。他在全国范围内发起了请愿，很快就收到了 10 万个签名。当时的以色列社会是一个封闭的社会，人们都在谈论"佩特拉"。爱冒险的年轻人们想深入约旦腹地，去这个他们在电影中看到的、在他们眼中遥不可及的玫瑰色城市一探究竟。阿比·纳丹租到了一架老式的飞机，站在飞机前请人给他拍了张照片,并用希伯来语、阿拉伯语和英语在这张黑白照片上签了名。不幸的是,这个满腔激情、一心想要改写史诗的全副武装的年轻人很快就半路折回。由于汽油耗尽,他的飞机不得不在赛得港附近的乡村小道上着陆。这位和平的使者向当地的农民表达了他希望能被埃及总统接见的心愿,农民们将他送到当地的政府。当地政府的官员请他饱餐了一顿,并给他安排住宿。第二天,在美美地睡了一觉之后,当地的官员婉言相劝,建议他回家。这个年轻人别无其他出路,只好灰心丧气地返回以色列。等他到达特拉维夫的时候却发现,成百上千的以色列人在机场等候着他,准备为他欢呼,为他庆祝。这就是阿比·纳丹的故事。一个想与贾迈勒·阿卜杜-纳赛尔握手言和却在醒来后发现自己身着奇怪睡衣躺在塞得港某地的帐篷里的年轻人,这也见证了当时整个国家的风气。

那个时期还有另一个特征:战争结束几个星期后,阿摩司·奥兹(当时他还只是"Houldal"基布兹一名年轻的老师,他早期的作品还不太为人所知)与"Yareel"基布兹其他几名军人不谋而合,准备创作一部不是记录战功而是记录战争中的讨论、质疑、酷刑及年轻人的忧虑的作品。这就是后来的《战士说》。在这本书里,年轻的少男少女们谈论恐惧,谈论濒临的死亡,谈论他们一直被灌输的但最后发现在战争中很难实现的"军队的纯洁"。最初,这本书仅限于在基布兹内部发行,但出版后便迅速占据了各个书店。10万本很快就售罄,成为当时的畅销书。哈依姆·顾里称之为一本旨在"磨炼整整一代人灵魂和意识的书"。战争的参与者们都开始反思这场胜利的代价。这场战争将会带来什么样的和平?如果战争不是无用——没有人愿意重新回到当时的情形——而是有害的呢？如果占领约旦河西岸和加沙地带对以色列来说有害无益呢？如果对巴勒斯坦人民的奴役（如果持续了很长时间）将会导致整个社会深层次的道德败坏呢？所有这些战争之后将会爆发或者已经爆发的尖锐问题都在书中被提了出来。总而言之，这就是战后那些年的大环境，历史也在犹豫不决。一切都还有可能，一切都是公开的，两个社会彼此审视，两个民族都在用彼此不信任和好奇的眼光互相打量。之后，一切都开始飞速发展。"喀土穆协议"中的"三个拒绝"、劫持飞机、"黑色九月"、慕尼黑惨案、巴勒斯坦人的流亡、关于恐怖分子开始进行破坏活动并不断壮大而且阻挠双方寻找解决方案的讲话、"忠信社群"的露头、不断强化的定居政策……当撤退似乎并不能解决占领带来的问题时，谁能知道战争是不是有害的呢。

六日战争爆发半个世纪之后，对这场战争的质疑还在继续。这段历程遍布陷阱，遍布荆棘，遍布绝境，遍布迂回，包括没有达成的协商，没有促成的会面，当然也有怜悯的时刻，出人意料的惊喜，已签署的和平协议，已经促成的会面，庄严的仪式，关系的建立……并不能简单地说一切都没有改变。但可以肯定的是，六日战争后出现的地缘政治格局仍然继续在巴以冲突的问题上发挥着重要作用。无论怎么说，这一天可以被视为以色列的一个转折点。

动荡的一刻

1967年11月27日。戴高乐在爱丽舍宫的新闻发布会上谈到了犹太人,"自信,有支配欲"。

六日战争并不仅是中东的转折点,也是法国和以色列关系史上的一个关键点。

在这段时期,戴高乐一举成为法国总统,与此同时,法国国内民意动荡。1967年6月初,法国总统戴高乐接见了去巴黎访问的以色列外交部部长阿巴·埃班。戴高乐警告阿巴·埃班:"以色列不能行动,必须要等到法国找时间与世界强国一起协商,并同意让军舰穿过海峡才可以。不要发动战争!"众所周知,以色列并没有听取法国的意见,打破了法国的禁令,从而导致与法国关系的破裂。从此以后,以色列开始在外交上寻求美国的帮助。几个月之后,被损伤了自尊的戴高乐评论这个"精英的民族"的名言,引发了社会的强烈抗议。对于爱丽舍宫新闻发布会发布的内容,人们都只记住了第一段,忘记了旨在纠正侵略行径的第二段:

一些人甚至担心当前还分散在各处的犹太人、多年来一成不变的犹太人，一个精英的民族，一个自信且有支配欲的民族，担心他们再来。他们一旦再次联合起来，变得更为野心勃勃，在他们心里留存了一千九百多年的信念就会迸发：下一年，耶路撒冷见！

戴高乐所说的，关于犹太人想建立一个国家的期望的长久性和正当性，被认为刺痛了犹太人的心。雷蒙·阿隆在他的《怀疑的时光》一文中表达了抗议。这是人们第二次发现这位伟大的社会学家在自己的编辑生涯中突然发声表达自己的感情。战争爆发的当天，他在《费加罗杂志》上写道：

> 我们心中迸发出一种不可动摇的团结，不管它从哪里来。如果这些大国只是冷漠地考虑自己的利益，任由这个并非我的祖国的渺小的国家被毁灭，那这个国际性的现代犯罪将会剥夺我活下去的力量，我相信，数以万计的人会为人类感到羞耻。

116　　六日战争刺激了很多法国犹太裔知识分子，致使他们更加紧密地团结在一起。于是，1967年5月31日，几千名巴黎人聚集在位于香榭丽舍大街上的以色列驻巴黎大使馆门前举行集会（当时这场集会还未波及其他省）。这是以色列的存在首次被视为一种威胁。当时，法国民意调查机构在法国民众之中做了一项调查："作为冲突双方的以色列和阿拉伯国家，您更同情哪一方？"56%的法国人同情以色列，2%的法国人同情阿拉伯国家，28%的法国人表示两方都不支持，14%的人未表态（1968年9月的调查）。时光飞逝，50年已经过去，历史曲折反复。法国政治经历了大风大浪，高低起伏，这期间既有紧张时期也有再平衡的时期。法国和以色列之间的感情也是矛盾丛生：频繁的憎恶、偶尔的误解，更多的是热情。但是，六日战争仍然是这纷繁复杂关系中不可磨灭的一个关键点。这是一次停顿，一次动荡。这是借口吗？时机？催化剂？这是一次不可避免的演变吗？这个问题一直吸引着历史学家们的关注。但从这个角度来说，六日战争也是一个无可置疑的转折点。

奥林匹克村的惊恐

1972年9月5日。慕尼黑奥林匹克村，11名以色列体育代表团成员被劫持为人质后遭残忍杀害。

凌晨4点半，慕尼黑的奥林匹克村。所有人都在熟睡。八名"黑色九月"恐怖组织的成员，为了不引起奥运村里其他人的注意，身着厚厚的运动衣裤，带着几个包偷偷溜进奥林匹克村。他们随身携带的包里有步枪、手榴弹和手枪。几名加拿大的运动员以为他们是同伴，甚至还帮助他们穿过了包围着奥运村的金属网。最后，他们来到以色列代表团成员驻扎的两幢公寓前。代表团由21名运动员及几名管理人员组成。尽管有几名运动员进行了激烈的反抗，但最后还是有九人被劫持为人质。40分钟后，恐怖分子向德国警方递交了一份罗列着他们所有诉求的名单。他们要求释放被关押在以色列的236名巴勒斯坦罪犯及2名被关押在德国的极左翼德国罪犯乌莉克·迈因霍夫和安德里亚斯·巴德尔。

时任以色列总理梅厄夫人在睡梦中被惊醒，她当机立断，决定不给恐怖分子任何协商的余地。西德当局决定与劫持人质者进行谈判。谈判持续了好几个小时。最后，西德当局同意给恐怖分子准备一架飞机，帮助他们飞到开罗。在机场的停机坪，德国警方发动了袭击。然而，这次准备不充分、组织不严密的行动最后以一片血腥结尾。人质死伤惨重，11名以色列运动员被杀害。其中，2名运动员的尸体在奥林匹克村的公寓里被发现，其他9名运动员被劫为人质长达19个小时，随后在德国警方与恐怖分子的机场对峙中被杀害。

遇难者中包括1名德国警察。5名恐怖分子被击毙，3人被捕获。

第二天，奥运会比赛继续进行。"戏还得继续演下去。"而以色列代表团剩下的人，则收拾行囊黯然离去。8万观众来到奥林匹克体育馆观看匈牙利和西德的足球比赛，大部分人像是什么事都没发生过。现场的保安甚至要驱赶在体育馆里高举横幅的人。他们的横幅上写着："17人死亡，已经忘了吗？"

慕尼黑惨案发生之后，梅厄夫人领导下的以色列政府当即决定，要逐一捕杀与惨案有关的"黑色九月"组织成员，无论他们身在何处。以色列情报部门摩萨德被委以重任。他们用了几年时间，摸清了所有恐怖组织负责人的位置，出色地完成了使命。至少八个参与了惨案策划的人被处死，其中包括"黑色九月"组织的负责人阿里·哈桑·萨拉梅，他于1979年1月22日被处死。以此为主题拍摄的电影很多，其中包括史蒂文·斯皮尔伯格的《慕尼黑》。

45年之后，2017年9月5日，为纪念11名以色列运动员，德国修建了一座屋顶铺满了草坪的纪念堂。纪念堂坐落在奥林匹克村附近的一座山丘上，俯视着奥林匹克村。通过一个多媒体展厅，向公众讲述着11位运动员的生平。

德国总统弗兰克-瓦尔特·施泰因迈尔、以色列总统鲁文·里夫林及国际奥委会主席托马斯·巴赫都出席了纪念堂的揭幕仪式。以色列总统鲁文·里夫林说，一些遇难者也是犹太大屠杀幸存者的孩子，他们满怀和解的希望从德国而来。里夫林强调："惨案已经过去45年了，但国际恐怖主义仍然在威胁着无辜的平民。国际社会应该向遇难者们展现出他们团结一致打击恐怖主义的坚定决心。"

举重运动员约瑟夫·罗马诺的遗孀伊拉娜·罗马诺代表其他遇难者的家属表示，纪念堂的修建，一方面寄托了他们内心的沉痛之情，另一方面表达了他们的欣慰和感激。伊拉娜·罗马诺回忆，当时这些运动员都是"满心欢喜、满怀希望"地来到了慕尼黑，却"躺在棺材里"被送回以色列。"他们的唯一错误，就是成了以色列人。"

《阿巴·尼比》

1973年4月7日。以色列首次参加欧洲电视网歌唱大赛。

欧洲电视网歌唱大赛的命名同与大赛有联系的欧洲大陆息息相关,但受它所影响的地区范围正在逐步扩大。以色列和奥地利几乎在同一时期开始参加比赛。如今,56个国家参加过比赛,阿尔及利亚、突尼斯、摩洛哥、黎巴嫩等国家的代表都曾登上过大赛的舞台。

以色列很少暂停过参赛,除非极其特殊的原因。例如,比赛日与为纪念在常年战争中牺牲的战士而创设的"战士阵亡纪念日"重合。

这个爱好歌唱的民族特别喜欢收看节目的转播,尤其是在节目最初播出的那几年。以色列观众为"12分选手"而欢天喜地,为"落后2分的选手"而黯然神伤。节目播放的夜晚,常常是万人空巷。比起耶路撒冷和海法,特拉维夫更是这样。人们常开玩笑说,耶路撒冷人在学习,海法人在工作,而特拉维夫人在忙着娱乐。

以色列在大赛中获得过三次冠军,分别是在1978年、

1979 年和 1998 年。

以色列第一次夺冠是在 1978 年。依扎尔·科恩及阿尔法·贝塔组合演绎的《阿巴·尼比》连续五次获得最高分 12 分，毫无争议地获得了冠军。《阿巴·尼比》这首歌是一首青少年的喃喃细语，运用了小孩子们做游戏时想象出来的一种语言，在每一个音阶之后都重复一个特殊的 B 音节（这首歌问世之后，诞生了代表"我爱你"的"Ani"这个词）。

但不得不提的是，那一年，一到以色列选手表演的时候，中东和北非国家的电视台就开始播放广告。这一行径令民众懊恼。但音乐并不是减少国家之间成见的灵丹妙药。其中最受瞩目的是约旦，竟然跳过了第一名，直接宣布排名第二的比利时歌手获胜的消息。

以色列第二次夺冠是在 1979 年。歌手盖丽·阿塔莉和"牛奶与蜂蜜"组合一起演绎了一曲《哈利路亚》。这首歌获得了极高的销量，很快就在欧洲及世界各地传唱。

第三次也是本书出版前为止的最后一次，是在 1998 年。女歌手达娜（Dana International）以一曲 *Dina* 获得冠军。令人惊讶的是，达娜是一位出生时具有男性特征、后来接受了变性手术的歌手，是第一个参加欧洲电视网歌唱比赛的变性歌手。以色列传统宗教人士严重抗议这次评选。当时正值以色列建国 50 周年。

2009 年比赛的亮点是努阿（Nua）及米拉·阿瓦德（Mira Awad）两位歌手的出现。这是第一次由一名阿拉伯歌手代表以色列出场。他献唱了一曲《肯定还有另外一种办法》，以呼唤以色列与阿拉伯的和平。

尚值得一提的是，1973 年以色列第一次参加这项比赛时，距离慕尼黑惨案以色列 11 名运动员遇难刚过去 7 个月。安保措施被升级，比赛大厅的出口被严密监控，以色列代表团甚至还配备了保镖。

比赛在卢森堡进行。这一次以色列派出的代表是全国著名的女歌手伊拉尼特（Ilanit），她带来了歌曲《某个地方》。这位金发女歌手最后获得了第四名的好成绩，排在卢森堡、西班牙及英国选手之后。

首席外交官

1973年10月22日。联合国安理会通过第338号决议,赎罪日战争停战。阿巴·埃班在其中扮演了举足轻重的角色。

阿巴·埃班自1966年至1974年一直担任以色列外交部部长,被视为以色列外交史上的一座丰碑。他出生在南非开普敦一个立陶宛裔犹太人家庭,在英国长大,在剑桥大学学习闪族语(包含阿拉伯语、希伯来语和波斯语),主要研究阿拉伯语对中世纪文学的影响,尤其对被称为"安达鲁西亚的黄金时代"的影响。他于1946年返回以色列,很快就成为政坛的一颗新星,并成为摩西·夏里特和哈依姆·魏茨曼的左膀右臂。他年纪轻轻(35岁)就被同时任命为以色列驻华盛顿大使和驻纽约(联合国)大使。

自1966年起,他被列维·艾希科尔和梅厄夫人领导的以色列政府任命为外交部部长,这个职位也让他成为六日战争前政府的核心人物。也就是在这个岗位上,他巡回访问了欧洲很多国家的首都,并获得了一次与戴高乐总统会晤的机会。戴高乐总统向他的客人发出警告:"不要发动战争!"后来,戴高乐下令禁止法国将武器运往以色列。

赎罪日战争开始后,他在联合国安理会起草第242号决议的会谈中发挥了重要作用。这项决议确定了和平谈判的条件,为之后的进程奠定了基础。

赎罪日战争结束后,他依然是以色列驻联合国的代表,在联合国起草由美国和苏联联合提案的第338号决议即停火协议中运筹帷幄。作为对巴勒斯坦在领土上做出妥协的支持者、左翼工党成员,他比任何人都了解他的谈判对象,他曾声称——他也有这种一针见血和压倒对方的气势:"巴勒斯坦人永远不会放弃'放弃机会'的机会。"

他尖锐幽默的俏皮话加上无人能比的口才让人对他刮目相看。他能流利地说十几种语言(其中当然也包含法语),英语也是游刃有余。基辛格曾这么形容他:"我从来没有碰到过比他更能驾驭英语的人。构词优美而又滔滔不绝,恰到好处地复杂到足以考验听众们的智商,听他说话的人会为他的才华而目瞪口呆。"用"知识分子"的标签来形容他,有点降低了他的威信,忽视甚至弱化了他话语的分量。有一次,人们问他,为什么他从来不去竞选以色列总理的职位。他回答说:"总理的位置一直是为"Degania"基布兹的人保留的,我还不知道谁刚刚从那里重新出生过。"他浓重的英式口音成为所有喜剧节目模仿的对象,模仿者们争相模仿他引经据典的说话方式。

他写了很多的书,其中有一本讲述犹太人历史的名为《传统》的书最为重要。有人拍摄了一部以此为主题的电视剧,他也为这部电视剧做了大力的宣传。这部电视剧在以色列和国际上都大受欢迎。

　　他的妻子苏西·埃班是一名埃及犹太人。年轻时，他曾将阿拉伯语作家特维菲克·哈金（Tewfikel Hakim）的《一位反检察官之人的日记》翻译成英语并出版。

一座献给太阳的塔

1976年。大卫·费曼投身布劳施泰因沙漠研究所的筹备工作中。

他的名字与新太阳能革命紧密相连。他很早就意识到以色列能源自主的重要性。石油的抵制和禁运让他认识到寻找一种替代能源的必要性。因此，他职业生涯的很大一部分精力都用于开发一种能满足以色列需求的太阳能板的制造方法。

大卫·费曼是一位俄罗斯-英国裔核物理学家。他于1944年在伦敦郊区出生，在英国和美国学习，获得了牛津大学的物理学博士学位。之后，他加入总部设在日内瓦的欧洲核子研究组织。29岁时，他移居到以色列，加入魏茨曼科学研究所。后来，经位于贝尔谢巴的本·古里安大学邀请，他加入本·古里安大学，成为太阳能研究领域的先驱者。1976年1月，他加入位于南部沙漠斯代博格基布兹的布劳施泰因沙漠研究所。

这位酷爱古典音乐、留着花白胡须的男人，像他的导师、领路人本·古里安一样，也搬进了南部沙漠的斯代博格基布兹，住进一个离这头"年迈的雄狮"坟墓不远的房子里，从此开始了他30多年的奋战。他相信人们可以发明一种更廉价但更有效的电力，这将比自1960年开始出现在屋顶上的勉勉强强能满足人们所需的太阳能热水器成本更低而效率更高。然而，当时的几届政府对此毫无兴趣。但这并不能打击他继续研究的积极性，反而更加坚定了他的决心。他对太阳能的深入研究让他相信，投身这项领域的研究迫在眉睫。

成效是显著的：自2018年1月开始，在以色列内盖夫沙漠阿沙利姆村的中央，一座巨大的太阳能塔被修建起来。这是世界上最大的太阳能塔。这项壮观的工程就是他的功绩。这座塔的底下安装了5万面镜子，一面接一面地紧密排在一起。他通过缩小镜子的面积和弯曲镜面的弧度，成功降低了生产成本。这些颇具创新的太阳能板成功地说服了政府，最终政府同意在这些新的基础设施上投资。

也正是因为这项发明，以色列占据了新技术的尖端位置。同时，这也刺激了此种低成本电力的大规模生产。现在，这种太阳能板被出口到世界各地，包括韩国、意大利和中国。费曼教授也因为"实现了梦想并延续了以色列第一任总理的遗产"而于2016年获得了本·古里安奖。

他今后的愿望是，从现在到2020年，以色列对自然资源的开发利用能够达到10%。

兹维·泰伯（Zvi Tabor）博士因发明太阳能热水器而被视为太阳能研究领域的鼻祖，他的热水器1950年开始被广泛使用。针对有些人认为这些丑陋的太阳能热水器严重影响审美而极力反对的行为，泰伯博士反驳说："我发明太阳能热水器的时候，首先想到的是效率，而不是审美。有些人反对是因为他们认为这太难看。但这是一项实验。"

太阳能塔也招致了批评意见，但是这些意见与太阳能热水器带来的意见并不同。最先反对的人担心太阳能塔的出现会引起一些关于异教的联想。一座献给太阳的塔？有些人可能会趁机作乱，也可能会因此诞生出一部分鼓吹二神论或多神论的人。但最后，以色列人还是接受了这座矗立在沙漠中的直径250米的塔。

青年怪才的预言

1976年。《人类简史》的作者尤瓦尔·赫拉利出生于海法。这本讲述了人类未来若干年要发生转变的书,一经问世就成为畅销书。

尤瓦尔·赫拉利身形消瘦。受圣贝尔纳学院邀请,他身着经久不衰的牛仔裤、一件黑色套头毛衣,站在一群由记者、大学教师、研究人员、大使组成的观众面前,向他们介绍他的新书。他用平和又略微带一点鼻音的声音向观众们做了一场演讲,全程没有演讲稿,只有不断被播放在背景布上的图片(现在没有PPT该怎么活?),包括大脑的图片、无人驾驶汽车、咖啡销售机、朝鲜地图。他的演讲一点儿也不幽默,也没有太多的激情,但他的英语非常出色(他曾在牛津学习)。他的英语略带一点以色列的口音,但口头表达非常流畅,充分展示了他清晰的逻辑。演讲中与日常生活息息相关的例子,紧扣住所有听众的心弦。他的演讲没有丝毫难懂的专业术语。这就是尤瓦尔·赫拉利,《人类简史:从动物到上帝》这本风靡世界的畅销书(已售出五百万册)的作者。

"这是一种现象。"阿尔宾·米歇尔（Albin Michel）出版社的董事长兼总经理弗朗西斯·埃斯梅纳尔介绍这本书时这样说。"每个星期，我们卖出去的书都比上一个星期要多。"

大获成功的原因？首先是对这个世界正在经历的，由工业技术所带来，且不断增强的震荡所产生的无尽担忧。我们从哪里来？我们是智者吗？这是第一本书的主题。我们将要变成什么？我们的未来将会是什么样？这是第二本书的主题。

尤瓦尔·赫拉利1976年出生在海法。现年41岁。他出生于一个父母都是黎巴嫩西班牙裔犹太人的非宗教家庭。他的专业是中世纪历史及军事历史，后来成为耶路撒冷希伯来大学的历史老师。经过分析社会转型的硕士研究阶段之后，他无惧挑战，开始撰写关于情感、人类以及动物灵魂、上帝、意识、进步、资本主义、自由主义以及人文主义的文章。他的编辑评价说："这本书真的是颠倒了乾坤。它让我们置身其中。看完这本书后，我们感觉像脱胎换骨了一样。"我也认为是这样。在好几个不眠之夜里，我阅读了他写的这本简洁易懂的书，然后就陷入了无尽的疑问中。我可以说，到目前为止，这是最让人无法找到答案的一本书。

重新回到贝尔纳学院的话题。赫拉利认为，新技术的加速发展将会带来新的不平等，某一个阶级就会变成无用阶级。

举个例子，无人驾驶汽车。它将大幅降低车祸的发生概率。专家们对此表示赞同。现在，每年有130万人死于车祸，而大部分车祸的罪魁祸首是人。无人驾驶汽车却有另类的优势，比如说交通网格化。十字路口的通道被更新为网格化的程序之后，如果行人遭遇了车祸，新的调节方式会处理得更好。

再举一个例子。传统医生被网络医生所替代。没有一个医生可以做到任何疾病都懂,也不能获得一个患者的所有病历档案。但是网络医生可以知道患者所有的既往病史,成为其永久且固定的医生。人类医生当然有知觉,有感情,但感情并不是精神现象。感情是生物现象。人类医生可以通过一个人的脸部和姿势来判断病情,但电脑可以更好地评估悲伤、愤怒和恐惧。

面对这样的演变,越来越多的行业即将消失将是大势所趋。为了灵活应对这些转变,新行业的兴起也是势在必行。如何将一个50岁的出租车司机变成一个计算机"码农"?这样的变化会带来压力和巨变,例如,重新塑造生活就会带来巨大的压力。

结果呢?人工智能的革命将会是一连串持续的"消失",稳定将不复存在。你将不断地调整自己以去更好地适应不断出现的新潮流。这将会是历史上第一次,人们不知道自己应该教什么。人们也不知道应该学什么。正如19世纪诞生了无产阶级,接下来的这个世纪将会产生无用阶级。面对满脸疑惑的听众,这位年轻的作家说:"这并不是预言,这是一种危机!"危机?那怎么来面对呢?怎么来控制这种可怕的威胁一切的潮流呢?他说:"我也没有办法。"

他与马克龙也谈了这些?马克龙在去安的列斯群岛访问的前夜,特意安排时间去拜访这位年轻的怪才、希伯来大学的"奇迹男孩",与他一起吃晚饭。"我们谈话的主题是自由民主的危机。"他们两人谈到了特朗普的选举、脱欧的可行性、匈牙利的民粹主义,等等。"在自由民主中,人们丧失了信心。

这可能会产生破坏性影响，就像当初共产主义的'崩塌'。"替代品？他回答如斯："这很简单，并没有。"

无可否认，这是一本充满智慧的书。它谈到了历史和地理。这本书独具匠心，非常容易理解，非常引人入胜。但看完后人们会大为震惊。所有不属于生物范畴的，都属于想象和图像的范畴。上帝是一颗古老的卫星。圣经是一本古旧的魔法书。一神论已经走完了它们的历程。宗教将会消失（即使是激进伊斯兰教也会消失，因为"它们并不理解21世纪"，尽管目前它们造成了损失，但这并不重要）。信徒、犹太教、基督教、人文主义、价值观、道德观、人权，所有的一切都将变得轻如鸿毛，都将成为废话。这都是人类为了占据主导地位而想出来的"诡计"。意识本身也是（斯大林说，意识只是表象，人们并不需要意识。赫拉利说得更好，意识没有现实。他像我们解释道，意识是一个对数，就像咖啡销售机）。

所有这些人类已经制造出来并且可以用数据流来归纳的东西，只不过都是"数据主义"，一种关于具体数字的宗教。

尤瓦尔·赫拉利向我们解释说，当我们把与饥饿、疾病和与暴力有关的死亡率——饥荒、鼠疫、战争早已消失——降低之后，人类可能只会聚焦于三个目标：长生不死、幸福和神灵。他说一些专家已经相信人类可以在2200年战胜死亡，一些专家甚至相信人类2100年就可以战胜死亡。这位天资聪慧的历史学家不是很幽默，但他跟我们说，世界将很快变成一个庞大的"法兰西学院"。

"恩德培"行动

1976年7月3日至4日。夜间发生了"恩德培"袭击事件。此次袭击也被称为"霹雳行动"或"约纳坦行动"。约纳坦是后来的以色列总理本雅明·内塔尼亚胡的哥哥，他在此次袭击中不幸阵亡。

我想起与历史学家本齐翁·内塔尼亚胡的一次会面。彼时，我正在进行一项关于当代以色列学者研究现代耶稣形象的方法的调查。我怎么能遇见当时以色列总理的父亲呢？这大概要归功于本齐翁·内塔尼亚胡的一位朋友兼同事（他的精神知己，同时也是生活中的知己）约瑟夫·克劳斯纳。约瑟夫·克劳斯纳是首位用希伯来语撰写关于拿撒勒传教士形象一书的人。他们两人都有过一段痛苦的经历，1920~1930年间在由马丁·布伯为主的左翼社会党完全左右的希伯来大学内部被排斥。他们两人都因为"修正主义"而被边缘化，都因此而走上了各自的研究道路。约瑟夫·克劳斯纳开始研究耶稣和保罗，而本齐翁·内塔尼亚胡则开始研究宗教裁判史，并且成为这个领域的专家。

老内塔尼亚胡住在耶路撒冷里哈维亚区一座别致的房子里，离总统的房子不远。关于这次会面我能记住的并不多（这次会面对本书并无太大的用处，编辑也不想占用太多篇幅），只记得我们深刻探讨了以色列和阿拉伯世界之间的和平。老内塔尼亚胡坚决不相信和平最终会到来。在这次讨论之后，我更加理解了内塔尼亚胡的性格特征，即被芬基尔克劳所称为的"虚无主义"。

但让我记忆尤深的，是踏入房屋后的第一印象。屋里有一段楼梯，楼梯尽头有一张巨幅照片。照片上并不是内塔尼亚胡总理，而是他的哥哥约纳坦·内塔尼亚胡，这个传奇世家真正的英雄。他的名字与"恩德培"行动中的每一个以色列人息息相关。

一切都始于 1976 年 6 月 27 日。一架法航的飞机由以色列特拉维夫的本·古里安机场飞往巴黎戴高乐机场。飞机在雅典停留了一会儿，一对德国夫妇和两个巴勒斯坦人下了飞机。再次飞行的过程中，四名恐怖分子控制了驾驶舱，命令机长改变航道，将飞机飞往利比亚的班加西。利比亚的领导人早已经发出命令，不允许飞机停留在他们的领土上。因此，飞机在利比亚短暂停留并进行了燃料补给之后，重新起飞并于 6 月 28 日清晨到达乌干达的恩德培机场。在恩德培机场，巴勒斯坦武装组织与劫持人质的恐怖分子联手，分区域控制了机场。经过一番仔细筛查之后，他们释放了几名人质，继续劫持以色列公民及犹太人。犹太人和以色列人被排成一队，其他乘客被排成另一队。飞机上的机长和机组成员决定留下来，与被劫为人质的乘客并肩作战。

劫持人质的恐怖分子包括两名巴勒斯坦解放阵线组织的成员及两名德国极左恐怖组织"赤军旅"的成员。他们的要求有三点：释放被关押在以色列的53名巴勒斯坦罪犯；释放被其他国家包括法国关押的13名罪犯；要求法国政府支付50亿美元的赎金。

当时以色列的总理是拉宾。他拒绝了恐怖分子的请求，命令展开营救人质的军事行动。难以想象，这样一场在一个距离以色列国土4000公里之外、一个当时还未与以色列建立外交关系的国家的领地上进行的军事行动，是多么不合时宜。但这场军事行动依然完美收官。

以色列政府以最快的速度做出了决定。政府确定了军事行动的可行性之后，立即集合了所有相关部门（这归功于一位英国的孕妇。她假装自己不舒服，因此得以在班加西停留时下飞机。这也幸亏一家以色列公司，他们承包了恩德培机场航站楼的建设工程，并且保留了图纸）。以色列政府与乌干达当局协商，想寻求他们的帮助以解救人质，但乌干达拒绝提供援助。

1976年7月3日，星期六。傍晚，空军军机从沙姆沙伊赫起飞，飞往恩德培机场。飞机上载有以色列特种部队（精英部队）的一个分队、一个伞兵小分队以及一个戈兰尼旅小分队。在飞机飞往恩德培机场的同时，以色列政府做出了执行此次军事行动的终极决定。

袭击被安排在晚上进行。整个航站楼四周都是一片漆黑。第一批伞兵跳下飞机，他们点亮了大灯，以便让飞机找准跑道降落。之后他们迅速攻占了塔台。

飞机上载有一辆黑色奔驰汽车，与伊迪·阿明经常乘坐的黑色奔驰汽车完全一样。还有几辆越野车，被恐怖分子认为是载有这位乌干达总统的安保成员的越野车。为了抓住突袭的机会，以色列部队径直来到人质被劫持的地方。但他们还是遭到两个乌干达士兵的枪击。这两位士兵当下即被击毙，但以色列部队却不得不开始冒着敌人的枪炮声继续行动。进攻刚一开始，以色列特种部队的指挥官约纳坦·内塔尼亚胡及其他三名被劫持的人质就不幸中弹身亡。

尽管如此，以色列部队还是成功进入了人质被劫持的地方，用武力控制了恐怖分子，解救了人质。

不到一天之内——袭击仅仅持续了20分钟——100多名人质被毫发无伤地带回了以色列。这场行动被称为解救人质历史上最大胆的、最不可思议的行动。

约纳坦成为英雄人物。他的弟弟成立了一个以他名字命名的研究所（约纳坦恐怖主义研究所）。这是一个关于恐怖主义的思考平台。

在以约纳坦的名字命名的"恩德培"行动30年之际，在一次对非洲的访问中，本雅明·内塔尼亚胡来到恩德培。站在卢旺达大屠杀遇难者的墓地里默哀的同时，他也向他的哥哥表达了哀思。

被扼杀的希望

1977年11月19日。萨达特的专机降落在本·古里安机场。他是首位与以色列签署和平协议的阿拉伯领导人。

由埃及发动、获得了叙利亚支持的赎罪日战争刚刚过去几年，埃及就开始了和以色列的接触。赎罪日战争中，以色列越过了苏伊士运河，在犹太人最神圣的日子里参加了战争。萨达特想要对以色列进行官方访问的消息一传出，全世界都震惊了。时任以色列总理梅纳赫姆·贝京接受了他想对以色列进行访问的提议。因此，全世界数百万观众最终看到了埃及总统的飞机降落在以色列的这一幕。以色列人民热情地欢迎这位总统的到来。政府的全体成员在飞机舷梯下方等待着迎接他，萨达特与到场的每个人一一握手致意。他在以色列停留了两天。在以色列议会大厦里，站在西奥多·赫茨尔的肖像前，他发表了公开演讲。演讲按穆斯林传统的方式"以真主的名义"开始。与以色列签署和平协议的道路就此打开。1979年3月26日，埃及与以色列在白宫的草坪上共同签署了和平协议。后来，萨达特与同他一起签署协议的梅纳赫姆·贝京共同获得了诺贝尔和平奖。

　　这位出生于迈特阿布库姆村的总统，一直执着地行走在争取和平的道路上。最终，五颗子弹让他与世长辞。1981年3月6日，萨达特正在主持一场纪念赎罪日战争的活动时，几个隶属于"穆兄会"的埃及"伊斯兰圣战"组织的成员混进了参加阅兵仪式的军队中。他们站在汽车上向主席台开枪扫射。萨达特不幸中弹身亡，而当时的副总统、后来担任总统的胡斯尼·穆巴拉克得以侥幸逃生。

　　许多国家的领导人都出席了这位埃及领导人的葬礼，其中包括以色列总理贝京。阿拉伯联盟的国家中，只有索马里、阿曼和苏丹派特使出席了葬礼。苏丹总统加法尔·尼迈里是唯一一个到场的阿拉伯国家领导人。

　　行刺的动机是什么？并非以前所说的那样。其实，刺杀跟埃及与以色列签署和平协议没有关系。恐怖分子的首要动机，是抗议埃及教长奥马尔·拉赫曼颁布的一项"伊斯兰教法"。他们拒绝执行此项教法，抗议此项教法被宣布为埃及司法的基础。

　　以色列最著名的研究伊斯兰世界的专家伊曼努·斯万教授，是一位多年来一直在耶路撒冷希伯来大学讲授伊斯兰历史的历史学家。他认为，在"穆兄会"刺杀萨达特（或埃及"伊斯兰圣战"组织）的所有动机中，埃及与以色列签署和平协议只排在第18位。排在这之前的动机还包括妇女的地位以及佩戴头巾的规定。

　　这场刺杀是政治伊斯兰主义及宗教恐怖主义发展过程中的第一声响雷吗？伊曼努·斯万认为确实如此。

在一本关于穆斯林反犹主义的书中，研究人员指出，近年来穆斯林反犹主义发展迅速，尤其是在欧洲。但他认为，必须要在与之相对应的背景下来分析这种发展，也就是说，要在历史和动态的背景下来进行研究，而不是一直停留在"伊斯梅尔仇恨以色列"这种"本质化"的背景里。

伊曼努·斯万认为，伴随着伊斯兰教内部反犹主义的发展，有两种现象不能被忽略。第一，阿拉伯内部及穆斯林内部批评反犹主义及否认犹太人大屠杀声音的出现；第二，宗教间的对话。这并非夸大了这两种现象，而是因为它们确实存在。因此，在德雷福斯事件中，伊斯兰教内部也有人力挺德雷福斯这位受到处罚的军官。这种潮流非常微弱，对世界政治的影响也微乎其微——我们从被刺的诺贝尔文学奖获得者（纳吉布·马哈福兹）的作品中可以看到（特维菲克·哈金）——对媒体的影响更是微不足道。至于宗教间的对话，即使是任何一种宗教里最慷慨激昂人也会承认，宗教对话有它的局限性。因此，最后他写道，"文明的冲突"并不存在，源自古兰经、穆罕默德与同时期犹太人的关系，以及"迪米"（非穆斯林）身份等因素导致的宗教仇恨也并不存在。

这本书写于2009年。九年之后，仍旧一成不变吗？我们不能肯定。伊曼努·斯万已经不再出现在讲台。他说自己已经"隐退"，在公开的讨论中，人们也不再能听到他的声音了。

和平之城

1978年春天。耶路撒冷市市长泰迪·科勒克与希伯来大学合作,成立了一个思考耶路撒冷未来的研究院。

在耶路撒冷里哈维亚区达拉克街上,离以色列总统官邸不远的地方,有一个研究所。这个研究所是一家致力于思考及调查耶路撒冷这座城市的智库。它被命名为"耶路撒冷以色列研究所",于1986年在时任市长泰迪·科勒克的倡议下成立。泰迪·科勒克认为,他的身边应该有一些专家学者,来为耶路撒冷这座城市做规划,不管是从城市化的角度,还是从人口的角度,抑或是地缘政治的角度。他请希伯伦大学来充实这个专家队伍。因此,研究所得以起步。研究所的现任领导、核心人物梅厄·考尔斯介绍说:"我们现在是一个独立的机构,受一些机构的委托开展调查,但有时候也开展自己的研究项目。"

研究所的研究主题包罗万象:从环境到可持续发展,从生物伦理学到文化遗产的保护以及"福利旅游",等等。

耶路撒冷的"极端正统犹太化"?很多人以此为主题做过调查。梅厄·考尔斯并没有表现出对这个问题的悲观。他甚至列举了几个应该保持乐观的原因。

> 如果我们没有做错的话,而且,谁都难免会犯错误,以后我们也许会发现,将来会有很多极端正统派加入这些世俗工作中。我们的高等教育已经有不少这样的人加入。问题在于,我们要知道,当踏足就业市场的时候,他们是否受欢迎?这尚无定论,因此必须要在这方面做一些研究。

同其他问题一样,关于这个问题,研究所每年都会发布一本《现象与趋势》。这几乎已成为所有需要为这座城市的未来出谋划策者的圣经。研究所同时也编辑出版很多专家的作品。每位专家都是不同领域内的杰出人物,作品中所涉及的也都是他们最新的观点。

刚从特拉维夫大学毕业的年轻博士、基督教研究专家埃默侬·哈默最近刚刚发表了《以色列的基督教及基督徒》一书。他一直在为研究所进行这方面的研究,也正准备在耶路撒冷举办一场关于这些问题的研讨会。在办公室里,这位年轻人向我们介绍说,当前耶路撒冷有15000个基督徒,整个以色列的领土上有15万基督徒。以色列境内有12万阿拉伯以色列人,主要居住在加利利地区。以色列基督徒是一个非常重要的、文化程度很高的群体。他在书中表达的观点是,无论是在以色列内部、该地区还是与巴勒斯坦的关系中,这个群体都应该能够发挥关键的作用。这个群体可能会成为,也必须成为一个联通双方的桥梁。

埃默侬·哈默接着说:"因为我们必须知道,这个群体身上有一种特殊的趋向。教会就像是使馆。教会代表了基督徒,也代表了密切关注着一切动向的梵蒂冈。因此。每天都有很多人来教堂。梵蒂冈负责犹太事务的主教科尔最近一直在这里。"

耶路撒冷以色列研究所里也有研究伊斯兰教问题的专家。伊斯兰教在这方面面临的问题也不少,并不仅仅局限于圣殿山一个问题。实质性或象征性地领土分治带来的紧张局势,有可能出现在人们意想不到的地方,比如玛米拉的墓地。人们曾决定在独立花园下面的一个停车场上方修建一座"谅解博物馆"。挖地基的时候,一座穆斯林的坟墓露了出来。整个穆斯林群体立刻开始躁动。这件事一直被捅到了最高法院。是否可以在一个穆斯林的墓地下面挖地基?最高法院最终判定此事可行。梅厄·考尔斯坦承:"但这并不意味着,获得了许可的,就必定是明智的。"

最后,梅厄·考尔斯介绍说,耶路撒冷有80万居民,占以色列总人口的10%。耶路撒冷是以色列最重要的城市。"穆斯林群体想要扩大他们在这座城市的代表性和重要性。极端正统犹太教人想要强化这座城市的圣城特征。而不信教的人则希望这座城市向所有人开放。这势必会造成紧张局势。但我认为,这种多样化和多元化应该成为耶路撒冷的一张王牌!"

他也在思考耶路撒冷的未来。耶路撒冷的特点是什么?是对这个世界上数以万计的人来说,一提到耶路撒冷这个名字,就会让他们心潮澎湃。梅厄·考尔斯说:"如果我们让耶路撒冷成为所有人的城市,那就最应该强化这座城市的身份。这是一座精神之城,这是一座智慧之城,这也可能是一座和平之城。"

当我们问起梅厄·考尔斯，他所提到的对所有人开放，是否要避免成为一些人所期望的"国际化城市"时，他立即回应道："我要说两点。首先，当今世界上已经有不少国际化城市，巴黎、纽约……所有人都想去纽约和巴黎。对很多人来说，巴黎是一座文化之城。仅这一点就足以让它声名远扬。但这并不涉及主权。当然，主权问题是耶路撒冷的问题。但我相信，如果我们能够找到增强这种国际化特征的方法和路径，以色列对耶路撒冷的合法性就会提升。"他又补充说："同时，应该达成一项协议。"

就协议而言，这所集聚了思想和计划、发布过诸多期刊的智库将如何看待？怎么来规划耶路撒冷的未来？应该将耶路撒冷分而治之吗？应该给予犹太人在犹太区里的特权，给予阿拉伯人在阿拉伯区里的特权吗？应该把这片圣地的主权变成一个共有主权吗？这些问题已经被问过无数遍。有人已经拟订了计划（克林顿、奥巴马、奥尔默特……）也有不少人只是做了猜想。

但梅厄·考尔斯非常积极地承认，无论是以色列人还是巴勒斯坦人，目前都并未期望能在这个问题上有所协商。"很不幸，因为我们做过的大多数研究都表明，相关的形势对以色列并不有利。"

在此期间，耶路撒冷以色列研究所并不限制任何关于假设和构建蓝图的思考。无论分治也好，不分治也好，这些思考都是在开阔视野，都是在为备选方案提出建议，都能够帮助他们更好地出谋划策。

重游希伯伦

1980年5月。以色列政府同意一群在希伯伦阿尔巴镇一座废弃建筑中落脚的人继续居住在那里。

希伯伦,一座极具象征意义的城市,一座久经考验的城市,凝聚了以色列人和巴勒斯坦人之间的所有矛盾。

8月的一个空气沉闷的清晨,我们踏上了行程。从耶路撒冷出发,沿着一条新开辟出来的所谓"捷径",我们开车来到了阿尔巴镇。

时任以色列定居点理事会发言人、同时也是阿尔巴镇居民的阿哈伦·多姆布接待了我们。他长着络腮胡,脑门上顶着雷朋太阳镜,后脑勺上戴着小圆顶帽。他向我们讲述了这个定居点的故事。

一切都始自1967年初。一小群由莱温格拉比带领的犹太人,在以色列逾越节前夕来到了阿尔巴镇。这十几个犹太人家庭决定租用这里的一个小旅馆过节。一周的节日很快就过去了,但这些家庭没有离开。"其实,我们来到这里,就是为了让犹太人在希伯伦重新出现。"一位特殊的房客为他们支付了房费，因此旅馆的老板也没有理由让他们离开。这些家庭在这个旅馆里住了至少一个半月。后来，关于他们的故事在城里一时空穴来风、谣言四起。在政府的许可下，他们被转移到一座废弃的建筑物里。当时，他们并不知道等待自己的将会是什么。

1980年5月，政府内部一致同意将这些家庭安置在希伯伦城周边，而不是在希伯伦城内。阿尔巴这个小镇因此而诞生。没有具体的原则，没有规划，政府也没有规定确切的面积。一切都是临时起意。但有一条原则不可触犯：所有人都必须定居在国有土地上，除非一些不可避免的安全原因，否则坚决不能侵占私人的土地。哈伦·多姆布说："我们从来没有违背过这项原则。因此，梅纳赫姆·贝京决定，如果阿拉伯人认为自己的利益被侵害，可以向以色列最高法院提起诉讼。这也是阿拉伯人一直以来在做的事。"

哈伦·多姆布继续说："因为安全问题，我不在阿尔巴镇住。我在这里住过，在这个理想之地长大。像耶路撒冷一样，希伯伦是我们历史的一部分。"停了一会儿，他继续说："几百年来，阿拉伯人一直生活在这里。能够扭转乾坤的伟大造物者认为，犹太人和阿拉伯人必须在一起生活。"

我们继续前行。进入希伯伦后，我们看到了列祖之墓。我已经很久没有去过那里了，这又让我重新找到了那种熟悉的感觉。整个人类的记忆都在我脚下的这片土地上流淌（亚伯拉罕和撒拉、伊萨克和利百加、雅各布和利亚，当然还有塔木德、亚当和夏娃；难道不是因为这些，基尔亚特·阿尔巴这座小镇才享誉"四人之城"这个美名？）。这里的每一块石头上都存留着侵略者们接踵而来的印记（罗马、拜占庭、十字军、穆斯林），所有人都想在这里留下他们自己的记号。在这场各方都在争相瓜分记忆版图的冲突中，比起其他任何地方，在这里我们更能感受到历史的分量。

进入列祖之墓入口的安检措施非常严格。游览路线有明确的指示图。根据规定，两座列祖之墓（亚伯拉罕和雅各布）向犹太人开放，第三座列祖之墓（伊萨克）向穆斯林开放。犹太人和穆斯林分别在不同的时间、不同的地点祈祷。那里的气氛非常的庄严肃穆，让人觉得，在场的每一个人的心中都担负着沉重的记忆。哈伦·多姆布说："这里被弄成了这样，这样并不好。这是一些目光短浅的人的做法，这只会让人觉得，我们是被带来与阿拉伯人同住的。"他继续解释说："诸如巴鲁赫·戈德斯坦之类的事，这都是极其个别的事件，但这让我们因此而蒙羞。"

巴鲁赫·戈德斯坦是一个虔诚的医生。1994年2月25日的一个普珥节上，他在列祖之墓大肆杀戮，杀死了一些正在祈祷的穆斯林。这件惨案在以色列及犹太世界引发了极大的愤怒，大家纷纷谴责。

我们进入希伯伦城，穿过老城区，来到一座正在建设中的神学院。200个年轻且朝气蓬勃的学生居住在这样一个到处都是敌对气息的巴勒斯坦城市的中心，这真是不可思议。他们是如何做到的？他们如何能够满足日常所需？

面对我的提问，从神学院奠基之日起就一直负责这项工程的布莱查尔拉比笑了起来："我们在这里买日用品，在这里买食品，我们的一些学生在街头的驾驶学校学会了开车。我们在这里吃饭，在这里学习，在这里休息。下周我会在这举办一场婚礼。这是我的女儿和神学院的一位年轻人的婚礼。"

他邀请我共进午餐。午餐之余，我了解到，"以色列和平运动"就起源于这座神学院。这个运动倡导通过双方的会面，在信教群体与不信教群体之间搭建沟通的桥梁。尤其是在拉宾遇刺之后，这个运动的活跃度更是达到了顶峰。

几天之前我们派出了三四个特拉维夫神学院的年轻人去与其他年轻人交流，向他们介绍以色列人民。我们甚至派了几个年轻人参加阿拉德节，去向人们传播圣经。阿拉德节的组织者们对我们嗤之以鼻，但他们还是给我们提供了一席之地。当他们看到我们被那么多人包围时，他们都觉得不可思议。

拉宾被刺事件？与我们共进午餐的哈伦·多姆布说："我被这件事捅了三刀。第一，我们的总理被杀害；第二，我也是戴着小圆顶帽的犹太人；第三，我也是定居点的居民。"

定居点的居民和巴勒斯坦当局打过交道吗？哈伦·多姆布回答说："没有。这个问题我们也考虑过很多次。但我们认为，如果确实需要与巴勒斯坦当局打交道，这也是政府的义务。"

布莱查尔拉比总结了一条身边所有年轻人的信条："我们之所以住在希伯伦，就是为了能够住在特拉维夫。必须让人们知道我们的祖先在哪儿，这样我们才会赢得更多的尊重。我不知道世界上有哪个民族有一个属于他们自己的历史之地，一个让他们的祖先生活了 3000 年的地方。我也不知道哪个民族会选择放弃这个地方。看看法国人对克洛维的所作所为吧。"

我们沿着常用的道路返回耶路撒冷，这条路必须要穿过巴勒斯坦领土。进入伯利恒的时候，我们的车被堵在了路上。司机们都开始变得不耐烦。负责指挥交通的巴勒斯坦警察也无能为力。我们听到有人在大吼大叫，然后就看到两个司机从车上下来，开始大声互相谩骂。一个以色列人，一个巴勒斯坦人。巴勒斯坦人想找一个说理的人，但他并不想找警察。他认出了哈伦·多姆布，走过来敲打我们的车窗，向他抱怨发生的事。有公务在身的哈伦·多姆布摆出一副并不畏惧在这片自治领地上遇到问题的神情，下车去劝慰两个争论不休的人。

当然，这是日常交通中司空见惯的事情。可是其他的事呢？

贝京的隐退

1983年8月29日。黎巴嫩战争结束后,贝京辞职。

当选总理四年之后,贝京身陷第一次黎巴嫩战争。以色列刚刚进行了一次选举。这次选举是一场改革,将右翼势力推到了权力的顶峰,接替了执政多年的工党。第一次黎巴嫩战争很快就引发了公众的强烈批评和反对者们的大规模集会。反对活动更是在贝鲁特大屠杀事件后达到高潮。1983年9月,基督教民兵组织在萨布拉和夏蒂拉的巴勒斯坦难民营里进行了大规模的屠杀。惨案发生之后,40万民众聚集在特拉维夫的国王广场,表达他们的愤怒之情。其他的抗议者,或许也是同样一批人,每天都坐在总理的官邸门口,高举一块写有数字的标牌。标牌上的数字每天都在不断的变化:这是在黎巴嫩战争中牺牲的士兵的数目。

贝京在部长议会上宣布了一个"不可撤销"的决定:"我不能再继续履行我的职责。"他不顾所有请求他撤回辞职决定的建议,义无反顾地宣布了辞职。

这一连串事件的起源都与黎巴嫩战争有关。黎巴嫩战争爆发后，贝京逐渐发现自己已经无法掌控局面。发动军事行动最初是为了保护加利利地区的村庄免受叙利亚火箭弹的袭击。因此，黎巴嫩战争又被称为"加利利和平行动"。但是在阿里埃勒·沙龙的推动下，场面很快就失去了控制。以色列军队的推进远远超过了政府规定的40公里的战线，陷入与叙利亚军队的冲突中。贝京与好战的国防部部长的私人关系因此更是火上浇油。他们两人意见不合。因此，贝京逐渐发现此次行动已经不受他的左右。他的军队已经到达什么地方？人员损伤到底有多少？他对此经常是一无所知。从那时起，他感受到了肩上责任的沉重，承受了大量关于死伤惨重的严厉批评，更无法忍受贝鲁特难民营事件调查委员会对他的调查。负责公布战争进展的贝鲁特难民营事件调查委员会的结果并没有让他个人成为被追责的对象，而认为沙龙更应该对此次大屠杀负责，他应该辞职。但贝京的内心却被自责和内疚慢慢侵蚀。

159

时任以色列国务卿达恩·梅里多尔以一向"轻描淡写"的风格表示："我什么都知道，有的是在事前，有的是在事后。"

贝京的辞职出乎公众的意料，但这符合他的个性，这让他的民众支持率很快得到了提升。

1977年5月那场饱受争议的选举以后，贝京的形象发生了很大的转变。左翼势力非常愤怒，政府内部大吃一惊，阿拉伯世界抗议不断。只有一个领导人的话非常中肯（他已经开始为后面的事情做铺垫），这就是埃及总统萨达特。他在开罗举行的一次新闻发布会上说："利库德胜利之后，再也没有任何借口可以为阿拉伯世界的不安而辩护了。"

当选以色列总理六个月之后，贝京在耶路撒冷的以色列议会大厦迎来了埃及总统。他们两人因为签署了和平协议而于 1978 年共同获得诺贝尔和平奖。

贝京离开很久之后又回来了。他在死后又突然赢得了人们对他的好感，无论是右翼势力还是左翼势力。以前，人们认为他是"鹰派"，是"恐怖分子"，是"法西斯"。现在，人们反而开始欣赏他的优雅，他的幽默，他的直爽，他的国家意识，他与平民百姓的亲近（他曾经发起"亲近于民"运动）。

直到逝世前的最后一天，他都一直住在特拉维夫一座小小的公寓里，从来没有离开过。黎巴嫩战争之后，他经常将自己关在这里，无论是失望、悲伤还是灰心，他都在这里，一直在这里度过了余生。人们突然又开始喜欢他，这个本·古里安不喜欢的右翼势力，但在公众看来，他又成了本·古里安的继承者。

"摩西"行动

1984年11月21日。以色列空军展开行动,将埃塞俄比亚难民营中的犹太人从苏丹转移到比利时,并最终回到以色列。

20世纪80年代中期,一个黑皮肤犹太人群体的存在被世人发现。从古时候起,他们就一直居住在埃塞俄比亚北部的贡德尔和提格雷省。与此同时,"摩西"行动也声名远扬。这次行动的名称来源于圣经人物摩西。他率领他的人民逃离古埃及,最终带着他们走向"应许之地"。埃塞俄比亚的犹太人被称为"法沙拉",也被称为"贝塔以色列"(以色列家园)。这次组织埃塞俄比亚的犹太人移民到以色列的行动一直被高度保密。

由于饥饿和内战,埃塞俄比亚的犹太人开始了前往苏丹的徒步逃亡。在及时与当地政府协商之后,以色列空军于1984年秋天搭建了一条由苏丹前往欧洲并最终到达以色列的空中桥梁。1985年1月初,这次秘密移民行动被阿拉伯国家发觉,他们立即向苏丹政府施压,希望阻止这次迁徙。"摩西行动"已经通过或秘密或公开的方式、很多情况下也是通过金钱交易,不断地让 8000 人抵达了以色列。1991 年的"所罗门行动",让这次移民行动达到了第二次高潮。八天时间内,一共有来自阿迪斯·阿贝巴难民营的 14000 名难民被转移至以色列。这样的迁徙从来没有停息,仍然在有条不紊地进行。

"法沙拉"群体现在大概有 11 万犹太人,其中 3 万诞生在以色列。由于世代都生活在乡村,他们很难融入现代社会。2005 年拍摄的一部电影《生命国界》就讲述了这些故事。

种族主义示威?文化冲突?过去几年我们看到了不少愤怒的示威活动。例如,2015 年 5 月在特拉维夫拉宾广场的抗议集会上,年轻人高举着标语:"为歧视而愤怒!"抗议活动的组织者之一、一位年轻人表达了他的愤怒:"谨慎和礼貌是埃塞俄比亚文化中最重要的美德。但是,在这样一个行事肆无忌惮的国家,这些美德就有可能成为绊脚石。如果我们不大声说话,那就什么也得不到。"

比起他们的长辈来,年轻一代则能更好地融入以色列的文化当中,同时也保留了一些他们自己独特的音乐或服饰,这些特色有时候与他们的宗教相关联。从宗教角度来说,"法沙拉"有自己的传统,对所有那些犹太教的传统,尤其是塔木德,他们一无所知。他们完全没有听说过光明节和普珥节,更不知道六芒星的标志。

"法沙拉"从何而来?(埃塞俄比亚的犹太人不喜欢"法沙拉"这个在方言里意为"难民"的称号,他们更喜欢被称为"贝塔以色列")。两种传统,两种论点,两种学派。第一种认为,他们是公元前 10 世纪前后护送所罗门国王及示巴王后的儿子来到埃塞俄比亚的以色列人的后裔;第二种说法认为，他们是已经消失的十大部落之一的但部落的后裔，公元前8世纪被亚述人赶走。

1973年，一直信奉第二种说法的西班牙系犹太人及德国系犹太人的大拉比们公开承认了"法沙拉"的犹太籍身份。从那时起，以色列政府就开始赋予埃塞俄比亚犹太人回归以色列的权利。

小说的可能性

1985年5月8日。米兰·昆德拉获得耶路撒冷文学奖。

耶路撒冷文学奖通常授予倡导人类自由与世界统一的作家，每两年评选一次，一般在耶路撒冷书展期间颁奖。耶路撒冷市的市长通常会出席颁奖仪式，国家元首偶尔也会出席。从该奖项被设立之日起，很多杰出作家都获得过此项殊荣，包括西蒙娜·德·波伏娃、豪尔赫·路易斯·博尔赫斯、以赛亚·伯林、唐·德里罗、斯特凡·海姆、马里奥·巴尔加斯·略萨、欧仁·尤内斯库、安东尼奥·穆尼奥斯·莫利纳、村上春树、阿瑟·米勒、伊恩·麦克尤恩、奈保尔、苏珊·桑塔格、豪尔赫·西姆布隆、奥克塔维奥·帕斯、伊斯梅尔·卡达莱、库切、莱谢克·科拉科夫斯基、伯特兰·罗素（首位）、安德烈·施瓦茨－巴特，等等。

据我们所知，耶路撒冷文学奖的评委会威望素著，从来没有作家拒绝该奖项，也没有任何获奖者拒绝参加颁奖仪式，即使有时候以色列的"局势"（包括执政政府、地缘政治形势、巴以冲突、恐怖袭击、当时整个国家的意识形态，等等）可能会导致一些并不很受欢迎或不被大众接纳的政治言论出现。

2009年,村上春树在加沙战争正进行的水深火热的时候来到以色列。尽管一些支持巴勒斯坦的人发起抗议,他也被勒令抵制这次颁奖仪式,但这位日本小说家依然不畏压力出现在颁奖仪式上。他在演讲中说:"小说家们不能相信他们没有亲眼所见或没有亲手摸到的东西。因此。我选择在这里发声,而不是保持沉默。"提到当时加沙的"形势"时,他拿一面墙和一个鸡蛋做比喻。他用惯有的梦想家的语气说:"在一堵坚硬的高墙和一只撞向它的鸡蛋之间,我会永远站在鸡蛋这一边。"

还有一次。2011年,英国作家伊恩·麦克尤恩因其作品抨击"没收土地和驱逐耶路撒冷西部人的行为"而引发关注。他不认可以色列让犹太人而不是阿拉伯人返回的政策,认为自己因为呼吁在"耶路撒冷"的自由而获奖是个"意外"。但他拒绝了在英国的巴勒斯坦群体关于抵制奖项的呼吁。正如意大利作家翁贝托·埃科所说:"抵制以色列本身就是一种种族主义。"

1985年春天,米兰·昆德拉获得耶路撒冷文学奖时,以色列的形势并不乐观。两年前,以色列和黎巴嫩经过一场恶战之后,签署了协议,设立了一个缓冲地带。1985年,以色列从"雪松之国"黎巴嫩撤退,真主党成立并且开始在黎巴嫩南部进行反对以色列的行动。

但米兰·昆德拉来到耶路撒冷,并没有谈论以色列政府在与真主党交锋中所遭受的挫败。他来到这里是为了谈论欧洲、谈论小说。同时,他来这里也是为了告诉大家,欧洲是一片大陆的名称，在这里，小说的诞生成为可能。

耶路撒冷议会大厦。面对一群慕名而来的观众，米兰·昆德拉首先选择了谈论欧洲的犹太人，将他们视为欧洲的心脏（几年之后，另外一位获奖作家豪尔赫·西姆布隆也发表了类似的感言）。他首先向评委会表达了敬意："如果以色列将其最重要的奖项保留给世界文学，这绝非偶然，在我看来，这是传统使然。"他继续说："尽管欧洲的野蛮暴行曾让犹太人伤心绝望，但他们对欧洲文化的信念始终如一。所以我认为，以色列这块小小的土地，这个失而复得的家园，才是欧洲真正的心脏。这是个奇异的心脏，长在母体之外。"

就是在那里，在耶路撒冷的中心，他发表了关于小说、关于欧洲以及关于两者之间紧密联系的获奖感言。他认为，小说有一种智慧，这种智慧让小说家不能成为自己的代言人。小说里蕴藏的智慧比它的创作者要多得多，它能让人听到更多的声音。"在小说这片领地上，没有人掌握真相，安娜不能，卡列尼娜也不能。但所有人都有权利被理解，无论是安娜还是卡列尼娜。"

他总结道："欧洲文明的精髓蕴藏在小说的智慧里，犹如被珍藏在小说历史的宝盒里。"

前功尽弃的会晤

1987年4月8日。西蒙·佩雷斯和侯赛因国王因"约旦方案"在伦敦秘密会晤。

一个周五的下午,天空下着雨。三个男人抵达了伦敦希思罗机场。瑞夫埃姆·哈利维,后来成为以色列情报部门"摩萨德"首脑;约西·贝林,以色列外交部秘书;西蒙·佩雷斯,刚刚结束了临时总理的任期,将总理职位让给了伊扎克·沙米尔。

这是一项秘密任务,这也是瑞夫埃姆·哈利维到场的原因。他们正在秘密筹备佩雷斯和约旦国王侯赛因的一次会晤。侯赛因在其总理萨义德·里诺伊的陪同下也来到了伦敦。除了上述几个人,还有撒切尔夫人。此外,没有任何人知道泰晤士河畔将会发生的事情。

会晤的地点被选在维克多·米什肯男爵的住处。维克多·米什肯是工党成员、左翼犹太人(他因为在萨布拉和夏蒂拉大屠杀事件后给贝京写了一封言辞激烈的信而著名)。四位参加这场特殊会晤的人物都认为,他们正在接近一个史无前例的、或许会结束巴以冲突的"突破口"。

会晤的想法是由佩雷斯和贝林共同提出的。他们准备重提"约旦方案"。约旦拟在约旦河西岸扩大其保护范围,同时与以色列签署一项协议。这份以色列人带来的被标注为"秘密且敏感"的"文件"涉及了具体实施的细则。为了使方案的可行性更大,他们认为这项提议应该由第三方提出,比如美国。因此,他们想寻求一把"国际保护伞"——比如,通过在联合国的支持下召开多方会议,由美国提出这项建议,约旦和以色列表示支持。

参加会晤的人接二连三地来到了男爵的住处。佩雷斯前一天就抵达了宾馆,他从宾馆直接来到了男爵住的地方。侯赛因在贴身警卫的陪伴下也来到了男爵的住处。安保措施被简化到最低程度,附近的人都已被清离,甚至连瑞夫埃姆·哈利维也被要求在门厅的候客室里等候。根据媒体后来的报道,当时的气氛非常热烈:在会面之前的午餐中,侍者们惊讶地看到侯赛因和佩雷斯都在用面包清理盘子里剩余的食物残渣。一次又一次的协商正在紧锣密鼓地进行,讨论关于即将签署的这份协议的细节。约旦国王侯赛因一次次中断会议,返回到会场。当天晚些时候,佩雷斯和贝林认为他们已经旗开得胜,准备带着这份历史性的文件返回以色列。他们认为,这项协议将会改变地区形势,没有人会提出异议。

满怀自信的佩雷斯在通知伊扎克·沙米尔总理之前——这是他第一个致命的错误,但他没有想到,后面还有更多的麻烦——就安排贝林于第二天一大早赶去赫尔辛基会见美国国务卿乔治·舒尔茨,请他确保协议能够通过,确保合作的顺利进行。

1987年4月11日，星期日，耶路撒冷。部长会议结束之后，佩雷斯和伊扎克·沙米尔单独谈话。佩雷斯向他汇报了前一天的会晤情况。佩雷斯描述了伦敦对此次会晤做出的高规格安排，向他递过了文件。沙米尔草草地浏览了文件，面带愠色。佩雷斯汇报完毕之后，他让佩雷斯将文件留在那里，他要仔细研究。此刻，外交部部长佩雷斯犯了第二个致命的错误。他以害怕文件最终被泄露为由，拒绝将文件留给沙米尔，从而为这项提议注定要失败埋下了祸根。

如果他将这份文件交给沙米尔，这项协议的命运就会被改写吗？并不一定。但单从协议本身来说，寻求"国际保护伞"的做法只会让这位"利库德"的首脑暴跳如雷。对他来说，这个名誉攸关的问题将是奇耻大辱。很长时间以来，他拒绝参加任何形式的国际会议，除了四年之后在海湾战争结束以后召开的马德里会议。这次会议他也是被迫出席。他在马德里会议上匆匆露了一面，便委派一位名为本雅明·内塔尼亚胡的年轻人、以色列驻联合国代表，代表以色列继续参会。

无论如何，外交部部长佩雷斯拒绝将文件交给他，让他认为自己受到了侮辱。佩雷斯刚一离开他的办公室，他就让当时的"不管部长"、亲美派成员莫什·阿伦斯火速来到他的办公室，命令他通知乔治·舒尔茨这份协议并没有获得总理的许可。第二天一早，"约旦方案"被媒体广而告之，佩雷斯被右翼势力描绘为"阴谋家"。这份协议也就不了了之。据我们所知，这也是佩雷斯和侯赛因的最后一次会晤。

错失的机会？惨败？前功尽弃的会晤？被暗中破坏的协

议？可以确定的是，在这份方案呼之欲出的时候，约旦河西岸的定居点有5万犹太人，这项协议的出台势必会行之有效。

一年多以后，1988年7月31日，约旦国王侯赛因在一次公共演讲中宣布，约旦将中断与约旦河西岸的任何联系，不再关心这块地区的命运。这正如十年前安瓦尔·萨达特放弃了加沙地带一样。只是这一次，他通过一项正式的和平协议宣布了这个消息。

善良的病毒

1987年夏。大卫·格罗斯曼出版了他的第一部长篇小说《证之于：爱》（75000本在以色列销售一空）。

这是他的第一部小说？这并非不可能。总而言之，是这本书让他成为以色列最受欢迎、评价最高、被翻译的最多，以及最有名的作家之一。

大卫·格罗斯曼1954年出生于耶路撒冷。他有着棕红色的头发，精致的黑色眼镜架后面，是他红润的脸庞。这位长期担任以色列广播节目"以色列之声"的记者（主持了几年早间新闻节目），如何成了一个小说家？

很难指出确切的时间，但确实有那么一刻，我发现自己不能另类地活着。我在写第一部小说的时候就感受到，自己被一种封闭的电流包围着。我觉得自己就是一幅拼图里缺失的那一块。这本书我写了一年半，足不出户，废寝忘食，无暇顾及其他。这种全身心的投入，是传奇小说的奇迹之一，这也是这本书努力要去表达的。

这是一本关于犹太人大屠杀及相关回忆的书。这也是一本关于文学、关于力量以及关于文学天赋的书。这还是一本关于善良以及善良的神奇力量的书。这本书的写作背景是1950年的以色列。一个9岁的小男孩莫米克·诺曼见到他疯疯癫癫的祖父来到家里。他的祖父在战争前是一位作家，笔名是舍赫拉查德。他为小孩子们写了很多作品，想通过这些支离破碎的言语，重构他自己经历过的悲剧。

"这不是一本自传体小说。"大卫·格罗斯曼对我们说。"我不是大屠杀幸存者的后代。但我认为，从某种程度上说，我们这些出生在以色列的人都是幸存者。我写这本书的目的之一，就是要将我自己带入那些曾经经历过这些事情的人们的精神世界里。所有人、所有的创作者都应该重新经历这些事，经历这些费解之谜，再从中走出来。"

不懈的追求、绝望、注定的失败。对"那边"那个国家的秘密探寻。这本书好像一曲由三个乐章组成的交响乐。在第二章里，莫米克发现了另一个作家，他的老师、与他像极了的布鲁诺·舒尔茨（《肉桂色铺子》的作者）。

作为一个生活在两次战争期间的犹太人，布鲁诺·舒尔茨写了一本精彩的散文，句句都散发着不同的气息。当纳粹来到加利西亚的波罗维茨时，他成为一名纳粹军官身旁的"伶人"。一次，这位军官打牌时与其同僚发生了口角，结果他们就杀了舒尔茨。一个纳粹说："我杀死了你的犹太人。""太好了，那我也要杀死你的犹太人！"另一个纳粹说。当我听到天才的舒尔茨用讲述这样一个恐怖故事的方式结尾时，我觉得我必须要为他的死复仇。我故意用了"复仇"这个词。我想写一本至少可以与一个人的生命相媲美的书，一本鲜活的、超越了使命的书。当我读布鲁诺·舒尔茨的这本书的时候，我感受到了自己曾有过的一种感觉，这不是一本书，而是一封写给我的私人信件。面对这位英年早逝的作家的命运，我感受到了深深的不安。在这本小说里，我想努力将笔还之于他，想成为他手中的笔。

第三章：莫米克的追忆，他想象着他的祖父安舍尔·沃瑟曼最后几年的生活。这是这本书最引人入胜的篇章，夹杂着小孩子眼中对时代的恐慌和对故事的幻想。没有死的"伶人"碰到了一个集中营的指挥官，他在幼年时期对舍赫拉查德讲述的故事非常着迷。因此，这名纳粹指挥官赫尔·内格曼和沃瑟曼达成协议，每天晚上沃瑟曼都要给他讲一个他小时候最喜欢听的故事。这是一个可怕的协议，协议中的每个人都要将自己的游戏规则坚持到底。在这场游戏中，一个犹太人在"勇敢的孩子们"的帮助下努力去拯救世界。这是一场两败俱伤的残酷战斗，在那个陷入恐慌的伤痕累累的时代里，人性的光辉在闪烁，就如破晓时分那微弱而又透明的阳光一样。善良的病毒穿越一切靠近我们，又转身消失。这让我们想起了另一个格罗斯曼——瓦西里·格罗斯曼，以及他的《生活与命运》这本书，想起他所说的"渺小的仁慈"是"美丽而且苍白无力的，就像露珠一样"。

我没有读过瓦西里·格罗斯曼。人们在谈论我的书时，也会偶尔谈起他。《生活与命运》出版了很久以后才被引进以色列。我们两人生活在两个极为不同的现实中。但是，有句拉丁谚语不是说过吗，"名如其人"，取什么名字难道不是天注定？就我而言，我被很多作家的早期作品所影响，比如卡夫卡、福克纳、弗吉尼亚·伍尔芙、亚伯拉罕·耶霍舒亚，等等。

这本书的主旨思想？他用一句话做了概括："人类就是一个为了避免死亡而不断去想象的努力的过程。"

2006年8月，大卫·格罗斯曼失去了儿子乌里斯。乌里斯在黎巴嫩参加一场与真主党的战斗时，不幸被火箭弹击中坦克而身亡。于是，他的这本书就是围绕儿子的死、这场意料之外的葬礼（一个女人走漏了消息）而展开。几年之后，他的悲恸促使他又写了一部《摆脱时间》，用散文和小说混合的赞歌形式，表达了对这位逝去的年轻人的哀思。

大卫·格罗斯曼是以色列文学中的一个重要人物。他获得过很多奖项。2017年，他的《当一匹马走进一家酒吧》获得了国际布克奖。

全力以赴的和平

1991年10月30日。海湾战争结束之后,由美苏两国联合发起的中东和平会议在西班牙首都马德里开幕。以色列、叙利亚、约旦、黎巴嫩及巴勒斯坦的代表参会。

会议在西班牙老王宫的圆柱大厅举行,各国代表分列"T"型会议桌两侧。会议由布什和戈尔巴乔夫及詹姆斯·贝克和鲍里斯·潘金轮流主持。就如马德里一份报纸的头条标语《沙米尔以一敌百》所言,现场的气氛非常紧张。这场会议被安排的纤悉无遗,就像一场连贯紧凑的舞台剧,编舞、舞台装饰、出场顺序……一个都不能任其自由发展。首先,马德里会议是一场由美国策划、出资并促成的重要国际会议,各方都在为之一搏。各方都在努力,是因为任何一方都不愿意让自己的一个细微举动造成"一着不慎,全盘皆输"的局面。用风格一向谨慎的法新社记者的话来说,在场的每一方都"谨言慎行"。一直到会议开幕之前,所有人都谨小慎微。会议组织方的一些额外要求更是让以色列不得不忍气吞声:代表团成员不许握手、约旦和巴勒斯坦联合代表团的发言时间可以加倍。会议开始了。在距离老王宫不远的国际媒体中心里，来自世界各地的 5000 多名记者废寝忘食地工作，数块大屏幕上滚动播出着一个又一个发言。第一天由费利佩·冈萨雷斯、布什及戈尔巴乔夫主持，下午由中东欧代表团和埃及分别发言。会上并没有发生大的冲突，只能这么说。各方没有任何接触，也没有什么过失，除了沙拉·多隆有点沮丧（她走进会议大厅，发现阿拉伯代表团中有一位女性，因此走了过去。但是这位来自黎巴嫩代表团的阿拉伯女性却纹丝不动，拒绝和她打招呼）。但是，当天傍晚在胡瑟公主酒店，以色列代表团成员流露出的满意之情是显而易见的。被 CNN 记者紧追不舍的本雅明·内塔尼亚胡毫无遮掩地表示："总而言之，今天相当不错。"人们终究还是听到了积极的言论。这个问题，用美国总统的话来说，是一个真正的和平问题，不仅仅在于结束交战的状态，还事关安全问题，问题的关键在于所有各方的直接协商。和平的进程被拉开，一切都在向前奔跑。被媒体评价为做事高效的以色列代表团也表现出了他们的积极意愿。

　　阿莫斯·柯南在走廊里心事重重地踱着步，腋下夹着一个厚厚方方的笔记本。这位多年来一直为巴以和解而奔走的左翼作家，此刻看起来颇为无助。一大早他就在维多利亚女王酒店附近徘徊，想见到巴勒斯坦代表团的成员。有人委婉地劝他离开。他似乎有些愤怒。"在以色列我经常看到这些人，在这里竟然无法跟他们插上哪怕两句话！"确实是这样。第一天的"明星"海德尔·阿卜杜勒·沙菲、哈南·阿什拉维以及他们的同事都被置于严密的安保措施之中。记者们的长枪短炮无时无刻不盯着他们。他们决定在酒店的台阶上召开一个小型新闻发布会的消息一经传出，酒店的门口马上开始人头攒动。

以色列代表团也是如此。代表团顾问戴维德·金对这几个彼时还不为外国人所知的巴勒斯坦代表的抢先露面非常敏感："媒体对这场会议的关注度非常高。在这样的背景下，有可能会引发余波。巴勒斯坦解放组织的首领被替换，这可能是一件好事，只要这个新的领导人不会再重蹈极端化思维。但我们也不能完全排除他会这样做。"

会议第二天：一位留着精致胡须的矮小男人站了起来，微微地弯着腰，倾向他的发言稿。他一字一句地梳理了历史、政治、宗教，发表了他一生之中最富深情的演讲之一：

> 我们是一个拥有 400 万人口的民族。从美洲到海湾，阿拉伯民族一共有 1700 万人口。但我们的面积只有 28000 平方公里，而阿拉伯人却拥有 140 万平方公里的土地。这个问题不是领土的问题，而是事关我们生存的问题。

他在谈到巴勒斯坦人所遭受的苦难时说："这是全人类的耻辱。任何一个有尊严的人尤其是任何一个该地区的非犹太人，都不能漠视这种苦难。"然后，伊扎克·沙米尔用先知以赛亚的话结束了发言："和平，和平，近在咫尺，远在天边。今天，这是一个梦想。但是，在我们的一生中，一些最难以置信的梦想已经变成了现实。"沙米尔总理合上他的发言稿，在寥寥无几的掌声中走回了座位。

以色列代表团的团长阿卜杜勒·莎菲博士是一个长期生活在加沙地带的长者，他做事沉稳，非常受人尊敬。他的发言充满了感召力。当他提到巴勒斯坦人民所遭受的压迫、侵略、耶路撒冷被吞并、巴勒斯坦人民的起义时，他的声音严厉而坚定。但他对约旦河西岸和加沙地带的自治也持乐观和开放态度，同时也提出了他们的条件：过渡时期、国际社会的保证，等等。他的发言获得了全场热烈的掌声。

接下来是叙利亚外交部部长法鲁克·沙雷的发言。他将现场的人们带回了现实。他的言辞激烈无情，充满了侮辱和责骂。这是一个非常粗鲁的发言。为什么叙利亚人来到了这里？他们来马德里干什么？

后来人们知道，在这场持续了四天的马德里会议正在召开的同时，某个地方的历史也正在悄悄改变。以色列人和巴勒斯坦人正在挪威奥斯陆进行秘密会谈，为结束巴以冲突的决议奠定了基础。

这次会议的结果，无论是直接的还是间接的、心甘情愿抑或勉为其难，都为1993年奥斯陆协议的达成和1994年巴以和平协议的签署铺平了道路。

《奥斯陆协议》

1993年9月13日。伊扎克·拉宾、西蒙·佩雷斯、亚西尔·阿拉法特与比尔·克林顿在白宫的草坪上共同签署了《奥斯陆协议》。

这件事意义非凡。它标志着经过长时间的秘密协商,以色列与巴勒斯坦解放组织终于相互承认。拉宾、佩雷斯及阿拉法特三人也因此获得了诺贝尔和平奖。

然而,几年之后,希望落空。当被问起《奥斯陆协议》还剩下什么时,人们会在"信任"这个词面前踌躇不定。以色列人与巴勒斯坦人之间的信任已经荡然无存。他们已经不再能意识到和平对他们来说意味着什么,也不知道每个人心中所谓的和平是什么。恐怖主义的势头有所减缓,但以色列巴勒斯坦人的数量已经减少,市场上的劳动力也越来越少。更糟糕的是,新一代的阿拉伯人不知道以色列这个国家是什么,也没有碰到过以色列人。偶尔也会有几个拉马拉的年轻人去海滩看海,在沙滩上待上几个小时,但这样的景象越来越少。

这是一个不眠之城、永动之城。这里的每个街区都充满活力，每一条街道似乎都能发生一个奇妙的故事。在这座城里闲逛的时候，一位刚刚在此定居的医生朋友告诉我："你能想象，如果这座城市太平无事，它会成为什么样子吗？游客将会翻三番！"

赫兹利亚。这座城市以著名的"犹太国"理论的创始人西奥多·赫茨尔的名字命名。在这座城市的入口处，我们看到一个坐落在一所美式校园里的多学科中心。阳光铺满了草坪，草坪上摆放着很多亨利·摩尔的雕像作品。这座中心涵盖了国际关系及传播交流等相关学科。几个带着相机及讲词提示器的年轻学生正在户外进行一场对话的录音。他们正准备建立一个关于代际关系的网站。在这里，处处都流露出创新性、创造力和想象力。负责接待我的达帕·里希蒙德带着我参观了校园。她来自法国，在这个中心教授国际关系及战争史。我们讨论了一下时势，叙利亚发现了生化武器，阿拉伯联盟宣布了一项关于解决和平问题的原则性协议，包括退回1967年的边界，也有可能交换领土。

现在解决两个国家之间的问题是否为时已晚？一些人开始研究这个问题。在一些人看来，这是天赐良机，但在另一些人看来，这仍然了无头绪。

《奥斯陆协议》也是如此。人们一致认为，《奥斯陆协议》失败了。有人为之惋惜，有人为之高兴，也有人认为，如果历史很难重现，那挫折、失误及失败会推动它继续前进。

终于，在赫兹利亚我们被问起：为什么应该羞于承认曾经看好过《奥斯陆协议》呢？得意洋洋地承认自己预见到了一切，这又有什么意义呢？为什么当时就应该仔细斟酌是否给予他们支持？为什么就不应该让他们努力去签署这些高度机密的、由几个主要人物促成的、一个所谓会结束近百年仇恨的承诺的协议？

是的，《奥斯陆协议》出师未捷，人们只能这么说。这是一个被毁灭的幻想，一个无尽的失望，一个支离破碎的梦想。时隔多年再来看，当时的满意现在看来言过其实，为时尚早，也是不合时宜的。没什么值得炫耀的，人尽皆知。

但凡有人这样认为，就必须要说明，对《奥斯陆协议》看法的不同并不能因此而导致信教者与不可知论者的对立。这只是区分出了两种人：一种是适应了《奥斯陆协议》的失败且因此而欢喜的人，另一种是因其失败而伤心懊恼的人。无论怎么说，《奥斯陆协议》带来的并不是无足轻重。如果现在大部分以色列人赞同巴勒斯坦国家的成立，如果大部分的政客（无论是右翼还是左翼）又对此表示同意，这也是因为《奥斯陆协议》。最终说来，历史并不是一往直前的。历史是曲折的，是犹豫不决的，历史可以倒退，历史也允许犯错误，历史是一条条遍布坎坷的路。

《奥斯陆协议》失败了，但它存在过。有人想否认它带来的所有影响，甚至否认它的存在，也有人认为冲突是永恒的，没有解决办法和最终结局（二者的意义一样）。但他们都不得不承认《奥斯陆协议》留下的影响。

愤怒的先知

1994 年 8 月 8 日。哲学家耶沙亚胡·莱博维茨以 91 岁高龄在耶路撒冷逝世。

耶沙亚胡·莱博维茨,哲学家,同时也是化学家、科学史家、伦理学家。他是以色列最杰出的知识分子之一,也是最富争议的人物之一。

2013 年,乌里·罗桑瓦克斯与里纳特·凯林以他为主题拍摄了一部名为《莱博维茨:宗教,民族,传记》的电影(该电影于 2015 年 5 月 27 日在巴黎犹太艺术与历史博物馆上映)。

电影真实地重现了这位哲学家。他缓慢且平淡的声音,坐立不安的姿势,对犹太教法典的歪曲——每一次列举论点时都要举起手指——全身而动的感情迸发,拍案而起的愤怒……

他住在耶路撒冷市中心,离特韦里亚路不远。他的住所正对着人民会堂。房子是用石头建造的,一进门就有一座楼梯,将想要窥探这位哲学家的访客拦截在那里。现代、低调、深沉,但很快就将你带入现实。圣经里的一句诗,一个关于时事的话题，努力让自己成为人们口口相传的知识分子，正如佩姬将自己塑造成"重要的人物"一样。所有一切都可以促使他有所创新。

就在他死去的床上，他依然从早到晚地接待来访者。电影中有人说——我认为那是他的儿子——他于这张床上逝世。他逝世的前一天晚上，仍然接待了一位哈雷迪犹太教人（极端正统犹太教派，他内心并不认同），这个人待到很晚才离开。

对一些人来说，他是一个异端分子；但对另一些人来说，他是至高无上的大师和老师。他的名字一直以来都是引发论战的原因。他的孙子说，每一个犹太教堂里，都会有一小群他的"粉丝"。他补充说，现在，虽然他离开已经25年多了，但任何一篇提到他祖父名字的文章都会在网上和社交圈里引起唇枪舌剑。

他在晚年仍然乐于接待任何一个想看到他的人。他在全国各处奔走，乘坐出租车去到任何一个角落，分文不收地去发表演讲。

"最初，上帝创造。"什么的最初？时间维度的最初？"上帝创造"，我们不知道这所指为何。我们只知道，上帝不在这个世界上，世界不是上帝。要想将犹太教归纳为"做"与"不做"这种在生活中自我约束的方式、信与不信的方式，则必须将其从所有的神学中完全剥离，别无他法。也要将犹太教从这种假的幻想中剥离："我们相信弥赛亚终会到来。弥赛亚永远不会到来。已经到来的弥赛亚，永远都是假的。弥赛亚的本质永远是要到来。"犹太教与期望息息相关，我们并不能自其中摆脱。

他的传记作家，阿萨·卡什于六日战争后在广播节目中回忆了他的"出世"。六日战争后，他就一直愤怒地呼吁"应该离开国土"。他自始至终都固执己见。占领是伤痕累累的。每一次豪取强夺发生的时候，他总是与其他的知识分子一起高声抗议（她的孙女接过他的接力棒，在很多协会里为使巴勒斯坦人的权利获得尊重而奋斗）。但这有时候会超过限度，引发争议，比如，他的"犹太纳粹主义"理论就备受争议，顶撞了很多崇拜他的人（最宽容的粉丝称之为"教学错误"）。他严厉抨击对庙宇的崇拜，在他看来，这是过分的崇拜。他一直在倡导将宗教和国家严格地分离，这也是他一生所执着的信念。

　　正如他的导师、他至高无上的偶像迈蒙尼德一样，他一边沉溺于哲学与宗教经典阐释学的最高境界中无法自拔，一边也在科学、医学、物理学和有机化学里徜徉。他在希伯来大学教授相关的课程，培养了整整一代的学生，他们都尊敬他、忠于他。

　　他在课堂上说，身体和灵魂是分开的。身体与灵魂之间没有可以沟通的桥梁。"大脑并不思考。只有大脑的所有者才思考。"他喃喃地嘲讽道："我是说有时候！"他也对学生们说："从我开始讲话到我的课结束这段时间里，你们离自己的死亡又近了一个小时。我们同时活着和死亡，这个想法很奇怪。"

　　他的去世，是否给我们留下了空白？是，也不是。

　　是。因为他接受过特别欧式的训练，他出生于里加，经常去柏林和海德堡的大学访学，与伦敦的以塞亚·伯林及巴黎的伊曼纽尔·列维纳斯经常通信。在这部影片中，我们可以看到他对列维纳斯的高度赞赏。他几乎对他所有的观点都不赞同，但在他与其传记作家的访谈中，他对列维纳斯赞赏有加："这是我们最伟大的哲学家之一！"

  不是。因为他给以色列新一代的年轻知识分子们留下了深刻的影响，他们仍然毫无保留地欣赏他，继续听他的课。

牛排与布吉尼翁炖牛肉

1994年10月26日。以色列与约旦共同签署了和平协议，这是继以色列与埃及签署和平协议之后的第二个和平协议。

佩特拉。这个地方的神奇魅力从何而来？也许从它的名字而来。来自这个地方的古老（如《士师记》里所描述的，"埃莫里的边境线从马阿尔·阿克拉比姆一直延伸至峭壁之外"。在《七十士译本》里，"峭壁"被翻译成"佩特拉"?）来自景色的壮美？来自围绕它的各种传奇？来自几个世纪以来它所引发的神话？抑或来自"阿拉伯的劳伦斯"所描述的幽灵徘徊的神秘阴影，来自认为神灵的召唤诞生于群山之间的阿加莎·克里斯蒂。所有的一切都尽收游客的眼底。

首先是外表。它不同于人们所见过的一切，既严肃又庄重。人们沿着瓦迪·穆萨市的河岸行走。这里之所以被称为瓦迪·穆萨，是因为就是在这里，摩西以杖击石找到了水源。他在即将到达应许之地时，与他的人民告别。走过一段路之后，就可以看到一片宽敞的空地，这是佩特拉大门通往西克峡谷的道路。骑着马的阿拉伯人会让游客们骑上疲惫不堪的马，沿着一条两公里多的路往前走。路的尽头，矗立着一座镶嵌于岩石之间的建筑，这就是卡兹尼神殿。蜿蜒曲折的道路的两侧，都是红色、赭色及棕色的悬崖峭壁。

很长一段时间里，附近的贝多因人都认为这些岩石里隐藏着宝藏，没有人知道它们被放在了哪里。这也是佩特拉完全禁止外人进入的原因。一直到 1812 年，一个名叫约翰·伯克哈特的瑞士人来到这里，打破了它的沉寂。他装成一个来自印度的阿拉伯商人，誓言要为埋葬在这条峡谷深处的亚伦祭献一只羔羊。因此，他得以深入佩特拉腹地。继他之后，很多考古学家也相继来到这里，尤其是法国多明我会的修士们。

佩特拉滋养着以色列千百个传奇故事。它有着催生不少人的梦想和幻想的能量。寻找圣杯的浪漫、爱好探险的年轻新兵、对强烈感情的追逐……诗人海姆·赫弗曾以此创作了一首叙事诗，《红色的岩石》。这首诗后来被禁止在广播中播放，因为它激发了一些士兵的想象力，让他们冒着生命危险穿越了边境线（13 人因此遇难）："故事里说，在群山与无尽的沙漠之间，有一个地方，没有人能活着回来。这个地方的名字叫作红色的岩石。"

是这红色的岩石里有吸引以色列人的东西呢？还是长期以来被藏入深闺的东西的诱惑？大概是吧。但是，我们应该亲自去那里感受这种诱惑。佩特拉和它的神秘，镶嵌在岩石里的坟墓，绚丽多彩变幻莫测的颜色。佩特拉和它的宏伟壮观。这一切完全是来自另一个时期的壮丽风景。

以色列与约旦签署和平协议之后不久，我们一行几个法国犹太人来到了这里。没想到，我们（在走到蛇道的尽头，快要抵达"宝藏"时）遇到了一场突如其来的暴雨，我们的队伍瞬间成为《印第安纳·琼斯之夺宝奇兵》《关山飞渡》及《布杜落水遇救记》的综合版。

佩特拉。安曼。在以色列和约旦之间长达48个小时的旅途之后，很难准确地定义什么是约旦人的精神。同样困难的，还有精心安排的行程以及对谈话对象的精挑细选。

我们在通过阿瓦拉之前经历了一段痛苦的等待过程。在等待了很久之后，我们的护照终于被盖上了钢印。无论如何，我们来到了阿瓦拉。经过一段新修的路，我们来到一家安曼的饭馆里庆祝和平的到来。我们接受了一个热情民族的殷勤招待。总而言之，看到阿瓦拉两边的风景和面孔别无二致时，我们感动不已。我们也非常激动能够见证和平的初步摸索。

埃米尔·马斯奈是个年轻的大学生。很长时间以来，他都负责约旦电视台的法语节目。他是巴勒斯坦人，非常赞同和平进程。他特别高兴能有机会认识与我们同行的弗朗西娜·考夫曼。弗朗西娜·考夫曼全程陪着我们，她经常收听"以色列之声"的节目。

但同时我们也能感受到埃米尔·马斯奈的不安。他对一些词的使用非常谨慎。他努力避免一些可能会让我们生气的用词，更喜欢用自己熟知于心的词汇。我们发现，侯赛因国王最大的错误，是没有亲近于民，没有征求民意。谈判都是秘密进行，举行了无数次的会晤。以色列人只知道这些。对约旦人来说也是如此。他们似乎只参加了和平协议签署的庆祝仪式，但并不知道它的起因。艾玛尔对我们说，结果来得太晚了。

　　埃米尔·马斯奈经常来这里。这位担任我们向导的年轻人用自己的方式解释说："要想做一份布吉尼翁炖牛肉，就必须要小火慢炖。没有其他方式。""那就做一份牛排吧！"车厢里有人冲他笑着叫喊道。

国王广场的谋杀

1995年11月4日。在一次和平示威活动结束时，以色列总理伊扎克·拉宾被一名宗教极端分子刺杀身亡。

这是特拉维夫一个秋天的夜晚。10万多名群众来到国王广场上，因拉宾和佩雷斯为和平所做的努力而举行集会。人群欢欣鼓舞，慷慨激昂，挥动着手里的彩色气球。忽然，在这位总理正准备登上他的汽车时，有人从台阶的下方离他很近的地方朝他开了三枪。拉宾随即被送往苏拉基斯医疗中心。四分钟之后，一切戛然而止。

在阿莫斯·吉泰的电影《拉宾的最后岁月》中，有两个场景。一个是对于这场刺杀的不安的思索：是什么导致了刺杀？哪股暗中的力量帮助他锁定了被攻击的对象？武装了凶手的原教旨主义宗教演讲，讥笑、侮辱、贬低原总理的一场场集会，任其自由发展或暗中唆使的政治力量？第二个场景犯罪的发展过程。地点的侦查，停车场的混乱，护卫的替换，国王广场与苏拉斯基医疗中心的距离，司机达什蒂的反应，集会本身的毫无准备，四天之内临时起意，以色列国家安全局与警察局的相互推卸责任，凶手自相矛盾的陈述，为证实安全措施缺乏而成立的调查委员会，对证人、警察及情报组织的问询……

在巴黎的一次公映中，阿莫斯·吉泰表示，他不认为自己拍摄了一部纪录片。他请公众"让电影本身来说明"，而不是从电影中归纳出一个具体的结论。

这是一部纪录片吗？总而言之，电影里所流露的，是伊加尔·阿米尔意图改变局势、改变事情发展的方向。他是否成功？这是不是一项政治罪行？这个罪行是否有可能再现？

刺杀事件发生之后，人们对各种比较做了概述。有人提起了约翰·肯尼迪被刺杀事件（出席拉宾葬礼的美国参议院议员泰德·肯尼迪带来了一撮他从约翰·肯尼迪和鲍比·肯尼迪的坟墓上拿来的泥土，放在了拉宾的坟墓上），并且认为亚伯拉罕·林肯的死亡并不能避免肯尼迪的死亡。有人提到了饶勒斯。在法国进入一战的前三天，他正在巴黎蒙马特大街上的可颂咖啡馆里吃午饭。像拉宾一样，他被三颗子弹终结了生命。这件事，也有人称之为"统计学谋杀"。煽动仇恨的系统一旦锁定了受害人，那从此以后针对他的袭击就成为某一个环境中不可避免的产物。人们也将此与意图瓦解魏玛共和国的瓦尔特·拉特瑙被刺杀事件做了随机比照。伊加尔·阿米尔是想践踏以色列的民主吗？并不是不可能，但总而言之，他没有成功。如果他成功地阻止了和平的进程，他就可能会宣布中立。

关于伊加尔·阿米尔事件，我们可以找到很多书。其中大部分是宗教类书籍，只有两本无关宗教。其中一本（《总统刺杀令》）讲述了一次针对法国总统戴高乐的刺杀，意在阻止法国从阿尔及利亚撤军（1962 年 8 月 22 日发生在帕蒂·克拉玛尔的袭击）。让－玛丽·巴斯蒂亚－亨利曾经是一个伞兵、极端右翼分子、"法兰西行动"的狂热支持者。他的袭击失败了，伊加尔·阿米尔成功了，但二者仍然有可比性。拉宾被刺杀事件是政治谋杀，就像戴高乐事件一样。

在电影中，阿莫斯·吉泰没有呈现以色列社会所经受的创伤、宣泄的方式、无尽的哀伤、举国上下乃至全世界所流露出的感情，这些似乎不是他所要表现的主题。

拉宾在逝世后收到了从世界各地寄来的大量的信件（这些信只寄到了巴黎的以色列使馆）。如果他没有被杀害，可能会收到更多的信。人们表达了对他的无尽怀念，为他没有走到最后而扼腕叹息，对那些滋养了狂热和仇恨的家庭满腔积怨。有人想知道他对接下来局势发展的看法，也有人想写信告诉他，他走了以后世间发生的事。佩雷斯的笨拙、内塔尼亚胡的当权（选举之夜，一觉睡醒之后的选举结果出人意料）、巴拉克的天真、自杀式袭击、巴勒斯坦青年的起义……所有这一切都让奥斯陆协议的梦想被熄灭。

奥斯陆协议的梦想破灭了吗？还是没有完全破灭。周折迂回、失败的企图、一连串的希望与打击、重拾信心的时机……昙花一现的总理埃胡德·奥尔默特说"奥斯陆协议是勇敢的一步"。他说，随着时间的推移，拉宾看起来似乎"最先打开了指引着人们走向以色列公共意识觉醒的进程"的人。这难道不是在承认，是拉宾开拓了道路，开启了"破冰"之旅，打破了大以色列是可以实现的、是人民孜孜以求的这个幻想？不久之后，以色列从加沙地带的撤离方式，难道不是个启示？在双方阵营针锋相对的环境中保持自我克制的愿望、不越过黄线的意愿，这难道不是在暗示我们创伤已经开始在发挥作用？

其实，在避免时钟于"最后一天"停止、避免将背景简化为当下的唯一背景，在避免过早地回答伊加尔·阿米尔是否已经达到了自己目的的背景下，应该"让电影自己来说明"。

电影里的最后一个画面是沙姆加尔法官。他独自撑着伞，走在特拉维夫潮湿的街道上。悲伤、孤独、没有护卫随从。他是影片中的主要人物之一，也许是吉泰眼中的主人公。这个画面像是在暗示，伤口依然暴露着，所有的问题也同样如此。

这些问题现在依然残留。拉宾最后会成功地实现自己的愿望吗？他是否会与巴勒斯坦人签订和平协议？这项协议是否会同与埃及和约旦签署的协议一样被执行？这项协议是否经得住一场场撼动了整个地区的暴风雨？阿拉伯之春、叙利亚战争、伊朗战争、伊斯兰运动的兴盛、伊斯兰国的哈利法、加沙的火箭弹、耶路撒冷的刀光剑影……这些问题仍然存在。

拉宾的遗产，当然，并不只有奥斯陆协议。这是一种形式的领导。这是对现状的拒绝。这是一种远见，一种意愿，一种勇气，一种实用主义。只是，有一项数据经常被人们引用，但仍然令人费解。70%的以色列人同意建立两个国家，70%的以色列人认为这个方案不可能实现。在这进退维谷的困境中，以色列似乎永远无法自拔。

一个沙特阿拉伯人与他的两个妻子

1998年11月18日。亚伯拉罕·耶霍舒亚发表了《一段通往千年之末的旅程》。这部历史小说开启了以色列文学的一种新的表达方式，展现了西葡系犹太世界与德系犹太世界之间的冲突。

最近我们见过几次。去年的一次是在希伯来大学。亚伯拉罕·耶霍舒亚在希伯来大学的一个大厅里给交流学院的学生举办了一场讲座。我也被邀请去参加这个关于写作的交流会。这有点类似于欧美国家的"工作坊"——法国仍然拒绝这样的形式，它也有足够的理由——在这个工作坊里，大家讨论如何写小说、小说的想法从何而来、小说需要什么因素去丰富……

因为亚伯拉罕·耶霍舒亚经常与以色列最有天赋、读者最多、最受欢迎的作者交往，因此他的作品、技巧以及关于思想和写作的作品有很多精巧的变化。

他在讲座中说，形式对一部小说来说非常重要。形式确定了文学作品应该以怎样的顺序进行。确定这种结构非常重要，因为这会避免想象和创作的风险。换句话说，小说并不是简单地让感情呈现、并不是沉醉于作者自己的灵感,它首先是对一本书结构的人为构建。作家必须要有一个目的,必须要将某个地方的人看作另一个人,必须将他置于某个情境之内。

当然,生活中的一些意外也可以被嵌入小说之中。"有一天,我在出租车上丢了手机。我有点晕头转向。但我很快就意识到,在我的小说里,有一个人物也有同样的境遇。"

亚伯拉罕·耶霍舒亚出生于耶路撒冷一个传统的西葡系犹太人家庭。他长期住在海法,担任比较文学系的教授。如今,他同他的朋友阿摩司·奥兹一样,住在特拉维夫。

他是一个完完全全的小说家,很少写散文。但如同奥兹和格罗斯曼一样,他也十分关心国家的政治,反对在以色列国土之上建立巴勒斯坦国。即使有时候不得不放弃,他也会不顾所有人的反对,一直对自己年轻时代的偶像们表示着忠诚。

他的作品在法国非常畅销。从著名的以交响乐形式为结构的《五个季节的一年》开始,几乎他的所有小说都被翻译成了法语。

202

现实?现实会突如其来地出现在小说里,也会成为某些事情的起源。

因此,《人力资源经理》这本关于当代旅行的小说,诞生于第二次巴勒斯坦青年起义期间。这本小说被世界各国争相翻译,也被拍成了电影,甚至被拍成了戏剧。在全国上下此起彼伏的自杀式袭击中,一家雇用了很多外国劳工的面包工厂里的一个外国工人不幸丧生。

一名为当地报社工作的记者发现了这个年轻女人的身份。她死于耶路撒冷集市上的一次袭击。他发现她是城里一家很大面包店的清洁工。这位女清洁工是一个非犹太人,俄罗斯籍,袭击发生前一个月刚刚被解雇。但她仍然领着薪水,因为值夜班的保安爱上了她。面包店的老板让并不在意员工死活的人力资源经理,将她的棺材从耶路撒冷一路护送回她出生的那个位于俄罗斯的村庄,并对她的儿子及母亲给予赔偿。于是,怀着对女工的同情,人力资源经理开始了一段漫长旅行。在这场旅途中,这个男人错误的道德观被修正了,整个人都被彻底改变。在这本引人入胜的小说中,这场身体力行的旅行也使耶霍舒亚的创作达到了顶峰,成为他内心的一次旅行。

《一段通往千年之末的旅程》也是如此。这本小说发表于1997年,被视为以色列文学史上最具原创性的小说之一。这位创作了《迟到的离婚》的作家用史诗般的文风,沉醉于第一个千年之末的历史之中,创作了他抒发内心情感的早期小说之一。

事情发生在第一个千年。丹吉尔的犹太商人本-阿塔尔带着他的两位妻子、他的穆斯林助手及一个安达卢西亚的教士穿越大西洋,一路长途旅行来到法国与他的姐夫见面,解决一项由犹太法院来负责调停的争端。他与他的两个家庭住在巴黎的一幢房子里,也是在这座房子里,展开了一场联系着两种不同文化、两种对世界的恐惧、犹太教内部两种生活方式之间的不可能的对话。同时,这也是一场关于道德、关于僵局及关于重婚的复杂性的哲学思考。

这本奇怪的小说是如何想出来的?在交流学院的学生面前,耶霍舒亚回忆起让他萌生写这本小说的一件事。

在以色列与埃及签署和平协议之后,他正在埃及的一家大酒店的餐厅里吃饭。他对面一张桌子旁坐着一个沙特阿拉伯人和他的两个妻子。他的两个妻子都戴着面纱。耶霍舒亚看到了这一幕。这两位女士都在吃饭,每个人都用一种极其复杂的方式:一只手将叉子放在盘子里,而另一只手揭开面纱的一角,将食物塞进嘴里。然后放下面纱。她们的嘴唇在不停地蠕动。这样的动作一遍又一遍地重复着。

这位沙特阿拉伯人与他的两位妻子在餐厅的画面,点燃了作家脑海里的一盏灯。二十几年之后,同样的场景在他的笔下出现,只不过换成了另一个环境和其他的人物。

朝圣耶路撒冷（一）

2000 年 3 月 21 日。保罗二世开启了自己前往圣地的第一次朝圣之旅。这是历史上教皇首次对以色列进行正式访问。

在我的记者生涯中，很少会试图从隐藏在潦草笔记里的题外话中寻找曾经的感情。在回忆教皇对圣地的这次官方访问之前，我应该先来和你们聊聊 14 年前的故事。

罗马，1986 年 4 月的一个下午。虔诚的信徒们身着节日的盛装，所有人都身着清一色的白衬衫以及盛大节日里才穿的西服。大厅里挤满了人，每个人的脸上都写满了好奇，大厅里到处是窃窃私语。我们身处罗马最大的犹太教堂里，这座教堂位于这座永恒之城旧时的犹太"隔都"中心。这场盛大的活动像极了犹太人历史上的一件事：教皇在人们的期待中登上圣台。只是这一次，这并不是一个虚构的故事，而是现实。一袭白衣的教皇出现在门口，头上戴着无边圆帽，他的身旁是罗马首席拉比伊里欧·托夫。伊里欧·托夫拉比也同样身着白衣，肩上搭着祈祷披肩。信徒们站满了大厅，发出了热烈的掌声。在管风琴伴奏的《哈利路亚》颂歌中，他们两人一起登上通往祷告桌的台阶，坐进了两张并排安放的扶手椅里。他们的对面是存放着犹太律法的圣约柜。

你们要赞美耶和华，耶和华本为善。要赞颂他的名，因为这是美好的。

约翰·保罗二世教皇用希伯来语念诵了这段诗篇中的赞美诗。伊里欧·托夫拉比追忆了过去所有殉教的信徒，追忆了反犹恐怖主义的受害者、一位1982年在罗马的一次袭击中被杀害的年轻人，也向所有在迫害中遇难的人表示了哀悼，包括南非黑人、苏联犹太人及天主教徒。保罗二世教皇在一旁倾听着他的讲话。紧接着，伊里欧·托夫拉比提起了犹太人的回归，强调了这次返回圣地对唤醒犹太意识及犹太意识在世界范围内影响力的重要性。全场的信徒都在屏息凝神地听着他的演讲。

约翰·保罗二世回忆了教皇约翰二十三世，回忆了第二次梵蒂冈大公会议，强调了他多次提及的《教会对非基督宗教态度》宣言。在强调教会与犹太教的关系时，他扭头看了一眼伊里欧·托夫拉比，然后脱离了演讲稿，大声宣布："你们是我们最亲爱的兄弟，从某种意义上说，你们是我们的兄长。"教堂里的掌声和欢呼声经久不息。

其余的都已消失在我的记忆中。

出了大教堂，伊里欧·托夫拉比和约翰·保罗二世教皇相互拥抱，一直到教皇的汽车从台伯河的另一边开了过来。男男女女的信徒们在一片嘈杂声中四散而去。他们的脸上都露出了感激的微笑。他们为教皇热情的语气而着迷。仪式的简单也令他们难忘。在这个安息日里,在这个周日里,世界各地数百万基督徒听到教皇对他们说,为促进与犹太教的关系,罗马教廷委员会分别于 1974 年和 1985 年发表了两份文件,基督教与犹太教共同发展,因此他们都应该学习这两份文件,将其融入到他们的讲道之中。他们也看到,在犹太教堂里的祷告桌上,犹太教徒与天主教徒关系的历史被翻开了新的一页。约翰·保罗二世教皇坐在那里,坐在他的扶手椅上,被虔诚的信徒所包围。他看上去是那么平静,没有丝毫的拘谨。自拿撒勒的耶稣开始,2000 多年来,任何一个圣伯多禄的继任者都未敢使用这样的姿态。

约翰·保罗二世教皇幼时的朋友耶日·克鲁格说:

> 当我看到教皇坐在那里,看到他坐在犹太教徒祈祷的地方,看到他宣布犹太人是他的兄长的时候,我想起了我的父亲。我的父亲没能荣幸地看到这一幕。我们的教皇保罗二世,就像一个犹太教堂里的大主教一样,发表了一席令人动容的讲话。

耶路撒冷。2000 年 3 月的一个上午。对圣地的朝拜将教皇在大禧年的朝圣活动推向高峰。这是约翰·保罗二世自担任教皇以来的第 91 次出访。

2000 多名记者到达了现场,这打破了世界纪录。萨达特访问耶路撒冷时,到场的记者有 1500 名;伊扎克·拉宾的葬礼举行时,到场的记者有 1500 名。报道第一次海湾战争的记者的数目也不过如此。全体以色列人的目光都紧紧追随着这架从安曼开往特拉维夫的、被以色列和梵蒂冈的代表性颜色装饰一新的约旦皇家航空飞机。一袭白袍的教皇走下飞机，羸弱却又坚定。因为害怕被风吹走帽子，他在走下舷梯之前摘下了帽子，又在走下舷梯后重新戴上。他会见了两位以色列的首席拉比，在总统府受到总统接待，去伯利恒做了弥撒，也去拜访了一些圣地，参观了代舍赫难民营……

这天早晨，他来到了离赫兹山不远的以色列犹太大屠杀纪念馆。为了永久地纪念犹太大屠杀的遇难者，以色列于1953年修建了这座纪念馆。

教皇拄着拐杖，缓慢地走向地下墓室。他微微地驼着背，脸上的表情非常凝重。在昏暗的灯光下，他点亮了追忆死难者的火炬。在他身旁的是以色列总理埃胡德·巴拉克及纪念馆的馆长谢瓦·韦斯。站在拱形门下，教皇念诵了"仁慈的主"的葬礼祷告词。他的两位侍者献上了一束鲜花。

埃胡德·巴拉克用英语和希伯来语交替着说："您，教皇陛下，您是这场悲剧的一位年轻的见证人。正如您在给一位幼年时期的犹太朋友的信中所写的，看到波兰犹太教所经历的苦难之后，您甚至觉得这些都是您的亲身经历。"埃胡德·巴拉克也回忆起了他的祖父母，埃尔卡与萨缪尔·戈登。他们两人在华沙住家附近的乌木莎普茨，登上了死亡列车，前往终结了他们的命运的特雷布林卡。教皇一直站立着。面对着巴拉克，面对着韦斯，面对着这座城市以及全世界，他说：

> 我想起了在战争期间被纳粹占领的波兰所发生的一切。我想起了我的犹太朋友及邻居。他们有的已经去世，

有的幸存下来。我来到以色列犹太大屠杀纪念馆，悼念数百万在大屠杀中失去生命的犹太人。他们被剥夺了一切，尤其是人类的尊严。半个多世纪已经过去，但记忆永存……

教皇表达了保持沉默的必要性。"沉默可以让我们回忆"，他同时也谈到了上帝的缺失。"只有一个没有信仰的思想体才可以组织并且实施对一整个民族的灭绝。"

他总结道：

> 作为罗马主教和圣伯多禄的继任者，我想请犹太人放心，无论什么时候，无论在哪里，受真理和爱的福音的规范约束而不是被政治考量所支配的天主教会，永远都会为基督徒针对犹太人的仇恨行为、迫害以及反犹示威运动而深深地感到难过。

第二天，在离开之前，教皇奉献了一个最高规模的礼物，震惊了世界，给全世界人民留下了一段不可磨灭的记忆。在耶路撒冷老城的中心，他参观了哭墙，耶路撒冷圣殿的遗址。在那里，他拒绝了所有人的陪同，独自沉思了片刻。他走近哭墙，像其他犹太教徒一样，将一个纸条塞进了墙上的裂缝里。他用摊开的左手手掌抚摸着墙上古老的红色石头，开始祈祷：

> 我们的天父，你选择亚伯拉罕及他的子孙将你的名字带到人类面前。我们为在历史中让你的子孙遭受苦难的人

的行为而感到深深的痛心，我们祈求你的原谅。我们希望与犹太人一起真正生活在友爱里。耶路撒冷，2000 年 3 月 26 日，约翰·保罗二世。

教皇的访问结束了。45000 名信徒陪伴着他。同一个星期，300 架飞机降落在本·古里安机场。恰巧与教皇乘坐同一班飞机的《以色列晚报》的一名特派记者写道，"这次访问实现了约翰·保罗二世自 1978 年被选为教皇以来，心中一直怀着的那个梦想。"

无法解决的问题

2000年7月25日。比尔·克林顿在马里兰州安排埃胡德·巴拉克与亚西尔·阿拉法特会面,准备在这里签署第二个戴维营协议。紧随其后的是第二次巴勒斯坦大起义。

比尔·克林顿在戴维营临时举办了与埃胡德·巴拉克及亚西尔·阿拉法特的和谈,和谈以失败告终。媒体对此进行了大量报道,纷纷议论各方责任、峰会的准备不充分、各方过多的期待以及三方均没有安排备选方案。

结果?《以色列国土报》的记者、让-克劳德·拉岱出版社出版的《我的应许之地》的作者阿里·沙维特在一篇评论文章中说:"这是以色列最慷慨的给予。在这之后,是针对以色列最严重的恐怖袭击。"

马里兰州的这次峰会后来被称为"第二次戴维营和谈"。在这次峰会上,以色列总理向巴勒斯坦当局主席提出了建议,比尔·克林顿称之为"阿拉法特从以色列总理手里接过的最好的礼物"。

以色列提出的建议涉及签署一项协议。以色列准备还回

1967年占领的大部分领土（要求经过调停略微修改地图）、将耶路撒冷分治以及在圣殿山做出让步。阿拉法特并没有简单地拒绝这项建议。他压根没有对此做出回应。

两个月之后，一系列的自杀式袭击接二连三地发生，拉开了第二次大起义的序幕。第二次大起义比第一次更加血腥，持续的时间更长。

大部分以色列人认为，第二次起义并不是想结束占领，因为这次起义发生在提出结束占领的建议之后。换句话说，"占领"并不是巴勒斯坦人的首要疑虑，因为妥协式的提议与不断增加的暴力行为相冲突。

以色列作家、评论家米查·古德曼（他的《摩西最后的布道》在以色列非常畅销）在纪念六日战争五十周年前夕，出版了《1967年的陷阱》一书。在这本书中，他分析了这两次起义对舆论的影响。

米查·古德曼认为，第一次民众投掷石块的起义，发生在1987年，是想产生间接的影响，打击右翼世俗势力。当时，只有21%的以色列人赞同成立巴勒斯坦国。2001年，这个数字超过了57%。这期间发生了什么？巴勒斯坦民族意识的苏醒打消了以色列民众认为现状会永久持续的信念。

第一次起义质疑了右翼，第二次起义则指责了左翼，尽管支持率不高，但更加暴力血腥。它不再是向以色列士兵扔石头那么简单，而是自杀式袭击，公交车爆炸，对平民、妇女以及孩子的攻击。它发生在特拉维夫，发生在耶路撒冷，发生在整个以色列的所有地区。

第二次起义让左翼的梦想破灭，并不仅仅因为他们的极端暴力行为，也因为他们的思想所诞生的环境：这发生在第二次戴维营和谈两个月之后。左翼极力推崇的主流意见——土地的妥协会带来和平——被打击的支离破碎。

1967年的"陷阱"又重新被掩盖。结果，大部分以色列人不愿意被巴勒斯坦人控制。大部分的以色列人也不再相信双方会签署和平协议。换句话说，以色列人不再相信会成立大以色列国。他们也不再相信和平会到来。

这是一个难以解决的问题。如何从中脱身？古德曼也没有找到会诞生解决办法的奇迹。但他发现了这种同时存在于左翼与右翼群体中的失望。只有右翼宗教分子才能摆脱失望，或多或少地独善其身。因为，他们的信仰并不与政治现实相关联，他们的信仰只是沉浸在政治现实中。

我在云中漫步

2003年2月1日。美国哥伦比亚号航天飞机在太空中航行16天后返回时,不幸发生事故。伊兰·拉蒙在事故中遇难。

伊兰·拉蒙是奥斯维辛集中营幸存者的孩子及孙辈——他的母亲和祖母都被押送到集中营。他是以色列空军的歼击机飞行员和中校,也是以色列历史上第一位宇航员。1997年,他被NASA选中,与其他六位宇航员一起担任了哥伦比亚号航天飞机的宇航员。根据美国与以色列的一项框架协议,一名年轻的以色列人必须加入航空队伍。因此,他有幸被选中。

也是因为如此,伊兰·拉蒙的航行牵动着亿万人的心。他的牺牲也成为整个国家的灾难。他在执行这项任务前曾做了精心的准备。他随身携带了彼得·金兹的一幅画。彼得·金兹是一位16岁时就死在奥斯维辛集中营里的年轻捷克画家。他留下了一幅油画,画面是从月球上看到的地球。除了这幅画,伊兰·拉蒙还带着他出生的城市拉马干的徽章、他长大的城市贝尔谢巴的徽章以及他在其中学习过的特拉维夫大学的徽章、他正在服役的以色列空军的徽章。出发前,他也询问过一位拉比，想知道如何在太空中遵守安息日的规定。因为在太空中的一昼夜，仅仅是地球上的 90 分钟。这位拉比建议他最好遵循出发地卡纳维拉尔角的时间。

在这些随身携带的具有象征意义的物品中，还有一本圣经、一本祈祷书、一张他最喜欢的歌手阿里克·爱因斯坦的 CD。在这张 CD 里，有一首歌特别适合他即将执行的任务：《我在云中漫步》。

在成为以色列第一位飞行员之前，他已经因 1981 年参加了对伊拉克奥斯拉克核反应堆的轰炸行动而小有名气。

2003 年 2 月 16 日，他在哥伦比亚号航天飞机上已经飞行了 16 天。飞机在返回地球的时候，在德克萨斯州的上空发生了爆炸。伊兰·拉蒙留下了妻子和四个孩子。2009 年 9 月 13 日，又一场灾难打击了这个家庭。犹太新年，他的儿子阿萨夫在驾驶一架 F16 战斗机训练时牺牲。阿萨夫被埋葬在位于耶兹雷尔大峡谷的纳哈拉尔公墓里，躺在了他父亲的旁边。同父亲一样，阿萨夫也希望有一天能去到太空，而他也一直在为这个目标努力着。

伊兰·拉蒙在轨道中航行的时候，描述了从那里看到的地球，也谈到了保护地球的重要性。

> 世界是这样的神奇，这样的高大，这样的平静，这样的奇妙，这样的脆弱。大气是如此的奇妙。我认为，我们每一个人都应该保护它的纯洁和完美。大气保护着我们的生活，赐予了我们生命。

他还说——2003 年 2 月 4 日他的这些话被乔治·布什在约翰逊航天中心的一次纪念活动中重新提起——"这种美丽保护着太空，也让它自己变得更加强大。"

最后还必须要说的是，伊兰·拉蒙在太空期间仍然坚持写日记。后来，人们找到了他的几页日记（其余的都已在爆炸中丢失）。仅存的这几页日记向我们展示了一个令人费解的问题：这个并不是特别虔诚的年轻宇航员，怎么会记住所有的"祝祷词"（根据传统犹太人的习惯，周五晚上及周六中午喝酒前要吟唱的赞歌）？

克里姆林宫主人的首访

2005 年 4 月 28 日。弗拉基米尔·普京将一幢位于特拉维夫的公寓赠送给他曾经的德语老师。

这是这位克里姆林宫的主人第一次访问以色列。奇怪的是,普京要求拜访他在圣彼得堡求学时的德语老师米娜·贝尔琳娜－余迪特斯卡娅。在那次拜访结束之后不久,这位老妇人就收到了一份礼物:一块手表、一本普京题词的总统传记以及……一幢位于特拉维夫的公寓!

米娜·贝尔琳娜－余迪特斯卡娅已经 93 岁高龄,她非常高兴这次能与普京见面。是她自己努力促成了这次见面。20 世纪 70 年代末,她在圣彼得堡的一所中学教德语。在她的学生中,有一个害羞而严肃的少年,经常翘课去参加拳击或空手道训练。时光飞逝,这个年轻的小伙子成了克格勃的首领,后来又担任了市长顾问,最后成为俄罗斯的总统。在这期间,米娜移居以色列。当普京宣布将要访问以色列的时候,米娜并不知道总统是否还记得自己。于是,她马上来到俄罗斯领事馆,留下了她的联系方式。她对与普京见面并没有抱太大的希望。

但她做梦也没有想到，普京到访的当天，一个司机来到了她家。她与其他二战时期的老兵一起，被带到了普京下榻的位于耶路撒冷的一家戒备森严的酒店。普京按照日程安排发表了一番讲话之后，就单独将米娜邀请进了另一个房间。

他们两人见面的气氛相当轻松。普京自我调侃说，自己的头发从中学时期就开始变得越来越少。米娜也毫不拘谨地回应："我发现了。"普京没有想到初夏会这么炎热。米娜回答说："幸运的是我们有空调。"但她忘了"空调"用俄语怎么说，只好用了希伯来语"Mazgane"。普京问她这是什么，她笑着向他讲述了让空气变凉爽的"Mazgane"先生的故事。她滔滔不绝地讲着，普京在一旁听着，好像他仍然是她的学生。谈话期间，普京请她将她的住址写在了一张纸上。这次见面之后不久，一位俄罗斯官员敲开了她的门，手里拿着一张纸。这位官员直截了当地对她说，总统知道她自从寡居之后一直居住在人口密集的弗罗伦坦区的一个狭小的公寓里，因此希望送她一栋位于特拉维夫的公寓。他们带她参观了两处公寓，一处位于什肯恩大街，又宽敞又现代，另一处面积较小，毗邻一个市场。米娜说她只想要一个离公交站、医院以及市场都近一点的公寓。一切马上准备就绪。搬家的工人来到她家，很快就将她的物品打包搬进了新的公寓。我们在俄罗斯驻以色列使馆也证实了普京与其德语老师的这次见面。至于其他的信息，都是个人隐私，不便透露。

今天，移居以色列的俄罗斯裔犹太人已经超过了 100 万。因此，俄罗斯也特别重视与世界各地说俄语的人保持联系，并发展俄罗斯与他们之间的关系。

但是还不至于给他们中的每个人赠送一块手表、一本总统个人自传以及一幢公寓。

米娜·贝尔琳娜-余迪特斯卡娅去世之后,普京成为这幢位于特拉维夫平斯克大街上的公寓的继承人。

血腥的夏天

2006年7月31日。纳斯鲁拉叫嚣:"远到比海法更远。"

飞机抵达了本·古里安机场。整个机场都是死气沉沉。机场的客流并不像重要日子里的客流那样多,尤其不像7月31日的客流。大厅里只有屈指可数的几个度假者的团队。一些人决定不顾一切继续行程,一些人则是临时决定来到这里。

以色列北部的战争已经持续了20天。在巴黎,人们仍然将这场战争称为冲突、交锋、升级……即使是在特拉维夫,人们也在很谨慎地使用"战争"这个词。但是没有人会质疑,这就是场战争。这是一场没有名字的战争,一场真正的战争。因为技术团队拒绝出行,准备在亚尔康公园演出的Dépêche Mode乐队不得不取消他们的行程。4000名已经预定了演出座位的观众只好接受退款。这个消息一跃成为新闻报纸的头条消息。面对这个正处于流行音乐顶峰的英国三人组合最终取消演唱会的消息时,人们才发现,局势已经变得更加严峻,并且有可能会持续下去。

当时，问题只聚焦在卡夫卡纳的惨剧上。人们一直不知道惨剧发生时具体的情况。以色列的第一次袭击与第二次爆炸相隔了七个小时，人们不知道为什么当时被困在建筑物里的人没有离开。根据以色列方面展示的照片，可以肯定的是，喀秋莎火箭炮是从迦南方向发射出来的。还可以肯定的是，真主党占据了居民区，将人口稠密的地方作为他们的掩护。那里发生了什么？建筑物是怎么倒塌的？为什么平民百姓会待在里面？调查结果被公布后，以色列政府表达了他们"深深的遗憾"。然而，以色列驻联合国代表达恩·吉勒曼在CNN上表示，以色列认为在这场战争中黎巴嫩儿童的死亡是一场悲剧，而真主党却认为一名以色列儿童被真主党袭击死亡是值得庆祝的胜利。以色列空军接到任务，要求其在对一些建筑物发动袭击之前必须掌握足够的信息，但他们打击作为真主党掩体地点的原则却没有受到质疑。

火箭弹袭击着海法。海法市的市长也崩溃了。几个星期以来，他都夜不能寐，他已经忘了什么是困倦。从31日早晨开始，大街小巷暂时恢复了平静。迦南的惨剧发生之后，埃胡德·奥尔默特宣布停火。残垣断壁中的城市，勉强获得了新生，就像是刚刚睁开了一只眼。一些店铺重新掀开了门脸，人们冒着生命危险穿梭在大街小巷。但每个人都知道，火箭弹虽然撤离了，但它们随时都有可能卷土重来。

海法市长双眼红肿，面色蜡黄。他无法掩饰他的不安。整个8月，海法应该给度假者们呈上一系列的舞蹈、音乐和民俗演出。这本该是一个属于节日的季节。但这场战争突然爆发，每个人都陷入担忧和恐惧之中。战争在一些人的意料之中，但没有人会预料到战争这么快就会到来。损失是惨重的。在不到三个星期的时间里，5500万座房屋被摧毁。整个城市陷入了混乱。

我们在市政厅的走廊里碰到了贝尔谢巴大学原校长阿维夏伊·布雷弗曼。他当时加入了工党，开始涉足政坛。他与其他代表一起，在市政厅参加以色列议会经济委员会组织的一场杂乱无序的会议。他似乎更加忧心忡忡，满脸的惊愕和不屑，又有些恼火。他认为如果法国愿意，可以在其中发挥作用。但法国要避免发表"荒谬"的宣言，就像菲利普·杜斯特－拉齐布刚刚宣布由伊朗来担任中东"稳定器"的角色一样。我们在海法"Rambam"医院碰到的工党成员艾弗莱姆·斯内也是面色凝重。他来医院慰问被喀秋莎火箭弹袭击的受害者。1982年第一次黎巴嫩战争期间，他是北部地区总指挥，熟知地形、兵工厂以及兵力。他认为，一场关于土地的战争纠纷是不可避免的，但这块土地不是简单的散步场所。这场纠纷注定是残酷的，甚至比过去更残酷，以色列经常要面对的要么是游击队，要么是传统的军队。"与真主党的战斗，是混合了游击战以及攻击装备齐全、接受过军事训练的军队的战斗。这也是令事态更为复杂的原因。"

当时纳斯鲁拉仍然在持续发出威胁："要打得比海法远"，"要打得远到不能再远"。有一次，他提到了"以色列北部"，但很快又纠正说："被侵略的巴勒斯坦的南部。"对于这位真主党的领袖来说，整个以色列就是一块被侵占的土地，应该将其解放。他敢攻击特拉维夫吗？不久之前，一颗导弹降落在了杰宁，人们立刻开始思考使用远程导弹进行袭击的可能性。如果真主党获得了伊朗的许可，只要他们有能力，他们很可能会更加得寸进尺。没有人敢排除这样的想法。

但到目前为止，还没有任何更进一步的消息。特拉维夫的人民还处在相对平静之中。

阿佩尔菲尔德的悲伤

2006年8月3日。加利利地区几座被火箭弹袭击的千疮百孔的城市里，大批居民被要求撤退到南部或躲避在避难场所里。

在一个叫作尼特扎尼姆的地方，有一个遍布帐篷的村庄。它位于以色列中、毗邻阿什杜德市，旁边就是一个基布兹。无数座帐篷沿着海边支了起来，用于接待来自北方无亲无故、无法在酒店里安身或无法忍受被困在防空洞里的人。只有在这个面积宽广、接受了8000多人口的村庄里，才能深刻地感受到第二次黎巴嫩战争所带来的伤害，才能体会到这场战争对人民的创伤，才能发现喀秋莎火箭弹以及导弹对以色列北部城市袭击的后果。仅仅一天时间里，就有230个火箭弹从空中降落。

我们在耶路撒冷"Mevassert Tsion"区的路上碰到了阿哈龙·阿佩尔菲尔德。这是我第一次去他家。他的屋子里到处都是私人物品和书。他家附近有一个接收埃塞俄比亚犹太人的移民接收中心，他经常在那里接待到访者。他有着狡黠的眼神，笑起来像个孩子。他的言谈举止热情而又保守。他非常高兴地带我们参观了他的家,向我们介绍了他的妻子及他的小孙女。如所有的以色列人一样,他也曾接待过几个居住在北部的亲戚。在与他的交谈中,我们才忽然意识到这里发生事件的严重性。每天降落在加利利地区数不清的喀秋莎火箭弹,遮掩着全局的事态。阿佩尔菲尔德说,当100万人居无定所逃离家园藏身避难所的时候,他觉得脚下的土地都在颤抖。

三个多星期以来,我们的北部一直在遭受真主党的袭击,南部有来自哈马斯的袭击,中部正受到自杀式袭击的威胁。所有战争带来的都是恐惧和不安全感。但是这次战争,让我们真真切切地感觉到了对生存的威胁。

后来,当他意识到他正在与一位法国记者交谈、法国的公众也非常喜欢他的作品(他刚刚于2004年获得了美第奇外国作家奖,而在这之前他于1983年获得了著名的以色列文学奖)时,他开始喃喃自语。这是他独有方式,好像他想让所有人都能意识到这些话的重要性:

人们想把我们描绘成野蛮人、杀害孩子的刽子手。生活在这里的人都知道,生活是一场无尽的烦恼,是面对未来的无尽担忧。我并不想为此辩解。以色列不是一个天使民族。它和其他所有的国家一样,有它的善良,它的天真和它邪恶的一面。但让我害怕的,是将它妖魔化。

他又继续说：

> 人们逐渐开始遗忘，以色列的第二代或第三代人民是大屠杀的幸存者或幸存者的子孙。我想要说的是，还是要关心这些人的生活，无论是犹太人的生活还是阿拉伯人的生活。

他说自己收到了很多来自欧洲的信件和邮件，尤其是最近这些日子。"我非常关注欧洲对我们的评论。所有对我们表示理解的话，让我觉得非常开心，但所有来自欧洲的对我们的误解，会让我非常痛心。"

这是阿佩尔菲尔德的悲伤。这是一个经历了风风雨雨的男人的醒悟。他的言语里永远都夹杂着欢喜和沉重，让我从中依稀发现了自己所熟悉的列维纳斯的影子。他让我绝望地发现，虽然已经建国60年，但以色列一直都面临着对它的抗拒。"也许今天我们不再处于被毁灭的边缘。但是，来自伊朗、叙利亚、真主党以及哈马斯的态度传递了这样一种声音：我们的邻居并不希望我们成为他们的邻居。"

2018年1月4日，阿哈龙·阿佩尔菲尔德以85岁高龄在耶路撒冷郊区去世。在生前接受的最后一次采访中，他仍然坚称自己是为犹太人大屠杀发声的作家。

书籍与窗户

2007年2月18日。艾瑞·德·卢卡受邀成为以色列耶路撒冷书展的荣誉嘉宾。

第23届耶路撒冷国际书展由西蒙·佩雷斯、齐皮·利夫尼以及茨鲁娅·沙莱夫揭幕。开幕式上,大家向书展的创立者、耶路撒冷原市长泰迪·科勒克表达了敬意。人们想起了他的话:"一座没有书的屋子,就像一座没有窗户的屋子。"本届耶路撒冷文学奖被授予了作家莱谢克·科拉科夫斯基,波兰大使替他领了奖。艾瑞·德·卢卡也在本次书展上受到了隆重接待。以色列电影公司刚刚将他被翻译成希伯来语的《上帝之山》一书改编成电影。

意大利作家艾瑞·德·卢卡来过以色列很多次。他的大部分作品已经在以色列被翻译并出版。他在以色列声名远扬(在法国也是如此),也被很多以色列朋友所称赞,尤其是阿摩司·奥兹以及梅厄·沙莱夫。他与奥兹的关系非常好,两人经常一起交流诗歌的细枝末节,但熟知他们两个的人说,他们俩其实也在暗自较量。但他们坚决不肯承认。难道他们两人都不再梦想获得诺贝尔文学奖吗？每年诺贝尔文学奖名单即将揭晓的时候，人们的心中都在默念他俩的名字。

每次他获得邀请的时候，都会表示出席，哪怕当时的局势并不乐观。因此，在 2008 年年末 2009 年年初，人们因为加沙战争而都不愿意前往以色列时，有人问他是否会因为经受不住来自左翼势力尤其是他的政治家庭的压力而取消行程时，他回答说："我是以色列的朋友。我不认为谁能劝服我去做或不做什么。我是以色列的朋友，每次只要我获得邀请，我都会来到这里。"正在进行的战争，对他没有丝毫影响。"在这片狭小的土地上发生过很多场战争。这场战争只是那无休无尽没有终点的战争之一。"当被进一步追问时，他解释说，这场运动只是几千年来一系列战争的一部分。这一切会有最终结果吗？他认为没有最终结果。"我认为，有些地方注定就是一生都不能停息。这是"Tabour Haaretz"（他用希伯来语说了这个词，'世界的中心'）。这是世界的神经系统的中心。因此，它现在、曾经、未来也将永远的不平静。"

作为一个非专职的宗教工作者，他每天早晨都会用母语诵读希伯来语圣经里的一章（我曾看到他住在罗马郊区的时候，在厨房里读书，希伯来语圣经摊开放在他的稿纸上）。年轻的时候，他是左翼及"持续斗争协会"里的积极分子，自学希伯来语，翻译了《路得记》《以斯帖》《传道书》《约拿书》，等等。

我回忆起 2005 年 5 月的一次访问。受特拉维夫大学"法国朋友"协会的邀请，他参加了一个圆桌会议［同时参会的还有弗朗索瓦·海尔布龙（Francois Heilbronn）教授、吕特·阿尔莫西（Ruth Almossi），作家瓦莱里·泽纳蒂（Valérie Zenatti）以及阿里亚纳·布瓦（Ariane Bois）］，会后是双方交流。我负责将他介绍给在场的法语听众并向他提问。我们一起坐上了出租车。非常有趣的是，他操着一口非常圣经化的、教条化的希伯来语，与说着现代希伯来语的出租车司机交谈。出租车司机完全没有觉得坐在他车上的这位满腹诗书的乘客有什么异样。

晚上，我们在一家意第绪特色的饭馆里用餐。原索邦大学校长让-罗伯特·皮特也在，他对各种酒了如指掌。一向爱开玩笑的艾瑞·德·卢卡向宾客们讲述了他对艾萨克·巴什维斯·辛格语言的认识。他懂得希伯来语的所有语法技巧，相比之下，他很少用意第绪语。

在《上帝之山》这本书中——这是他俘获以色列读者的第一本书，也是吸引了法国读者的第一本书——他大量使用一些词语的希伯来语词根的变体。例如，"谢谢"（希伯来语"Toda"）这个词更接近"Yehudi"（犹太语或犹太人）。这让他大胆断言："作为犹太人，就是能够去说感谢。上帝让这一切变成了真的……"

在希伯来语优雅的语法里，还隐藏着一个秘密，"元音倒置"，即在一句话里某一个字母通过简单的位置变化，就能将过去时态或未来时态转换成现在时。

言归正传。在耶路撒冷书展期间，作为书展的开幕式嘉宾，艾瑞·德·卢卡说：

> 虽然这有些奇怪，但我经常扪心自问，我能为以色列做点什么。我想学习希伯来语和意第绪语，因为从它们的历史上来说，这些词语是上帝的词语。世界伴随着这些词语而诞生，智慧伴随着这些词语的出现而出现。

回来吧,我们爱你

2007年11月24日。赛义德·卡舒亚因为电视剧《阿拉伯劳工》一举成名,成为一名标志性人物。

您最先回忆起来的是什么?当您躺在床上的时候,您会想到什么?这是2017年出版的《追捕变化》一书中主人公对所有让他写自传的人提出的问题。他将他们的自述都用一台老旧的磁带式录音机录了下来。

书中的主人公和卡舒亚非常相像。和他一样,主人公也曾是《以色列国土报》的记者,也是阿拉伯裔以色列人,也出生于加利利蒂拉地区的一个村庄里。他也离开了位于耶路撒冷的村庄,来到美国的伊利诺伊州生活。然后,他收到一封电报,被告知父亲因为肺癌而生病住院。他坐着飞机,来到了父亲的床头,发现自己深陷过去和现在中不能自拔。他夹杂在这两难的阴影中,一边是与他出生和长大的城市的脱节,另一边是他最担心的父亲。这本书表达了深深的忏悔,是用希伯来语写成的。

从某些方面来说,这是一本融入了亲身经历的以色列文学作品。卡舒亚在耶路撒冷希伯来大学学习以色列文学，他的所有作品都是畅销书，在世界很多国家被翻译并获奖。他深受以色列民众的喜欢。当他公布自己将去美国生活一段时期但还会坚持写专栏的决定时，几百位读者在报纸的官网上呼吁："回来吧，我们爱你！"

在他的作品中、在给他带来好运的电视剧以及他的小说世界中，阿拉伯裔以色列人面对的现实一直是他的主题。他讲述了生活中所经历的困难：他的女儿只会说希伯来语、他的家庭离他们的祖先越来越远、他的父亲一无所求，但卡舒亚这位公共作家想把他父亲的叙述与自己的作品结合在一起。返回蒂拉地区的村庄让他开始扪心自问，为什么所有的家庭成员都拒绝他？为什么只有他生活在美洲？为什么他从小就开始听的阿拉伯音乐，在青少年时期被厌恶，而成年以后，又重新令他着迷？是什么让他成为一个公共作家，让他沉醉于别人的叙述中？

这些问题都是他小说作品的中心问题，也都是针对当代犹太裔以色列人提出的问题，这都是他们自我叙述的故事、他们选择存放在记忆里的东西、他们想要去遗忘的东西，也是在这个划分着个人记忆与集体记忆的模糊区域里的东西。他说，一个好的编辑，是一个重新撰写文章的人，不断地充实、删除，而记者却不会发觉。公共作家也有同样的使命，他使得向他讲述故事的人的命运变为了自己的命运。比如《追捕变化》这本书的读者们就会捕捉到这样的感觉。

赛义德·卡舒亚因为创作了电视剧《阿拉伯劳工》而被公众所熟知。这部电视剧以幽默的方式讲述了犹太裔以色列人与阿拉伯裔以色列人之间的关系。2007 年电视剧播出了三季，讲述了卡舒亚的化身卡米德所经历的家庭及职业生活。这部电视剧夹杂着爱与恨、分裂与融合、文化冲突、两个社会的文化、宗教与政治以及幻想。卡舒亚将自己描述为"用希伯来语自我嘲讽的巴勒斯坦作家"之一。他开设了周刊专栏，通过"以色列阿拉伯公民"的表达，来感受边境线附近的生活。

我们应该持续关注赛义德·卡舒亚，关注他的阅历、他作为一个作家的命运。作为一个热爱希伯来语的人，他与其他的人一起，肩负着对未来的承诺，也保持着对未来的质疑。

一块三千年前的陶片

2008年7月。在位于伯示麦附近的大卫王与歌利亚战斗过的峡谷里,发现了最古老的考古学痕迹。

基亚法遗址位于伯示麦附近的一座山丘上,俯瞰着以拉谷。人们在那里发现了一块陶片——一块用陶土或石灰岩制成的用来写字的碎片——可以追溯到公元前1050年至公元前990年,这可能是迄今为止人们发现的最古老的希伯来人的遗迹。陶片上的铭文极其少见,始于古犹太王国的大卫王时期。

耶路撒冷希伯来大学葛瑞顺·加利尔教授对这些文字进行了解码。他认为,这些文字的内容涉及奴隶、穷人、孤儿、寡妇以及外国人的社会地位。铭文说明当时的犹太社会已经出现了外国人,也说明必须从人文主义的视角来研究这些文字。

阿摩司·奥兹在他的《狂热分子的和平》一书中,也提及了这块陶片上的文字——"……不要做这些,要为上帝服务。要给奴隶和寡妇以正义,给孤儿和外国人以公道,要保护孩子,保护穷人和孩子,为穷人复仇,保护奴隶,支持外国人……"——这是对犹太教的一种简要概括。

当他努力去思考犹太教的核心要义时，当他自忖何为犹太人传统里最深层的、最明显的核心时，阿摩司·奥兹从这块 2008 年 7 月在以拉谷里找到的陶片上的寥寥几句铭文里找到了答案。这是最古老的遗迹之一，甚至要早于先知时期。

铭文所提并非新语。这些是《托拉》以及先知们的老调常谈。但对奥兹来说，了解这片早于希腊以及希腊智慧、早于罗马以及罗马帝国荣耀时期的陶片上所包含的思想，非常有意义。

她的女儿法尼亚·奥兹－萨尔兹伯格表达了她的想象：这就像是我们兴高采烈地从公元前 10 世纪给 21 世纪发送了一条短信。这个发自 3000 多年前的信息说明了什么？它是一个司法和道德的命令，这个命令诞生于一个主张为弱者和被压迫的人伸张正义的传统之中。

考古学家、历史学家以及研究人员提出的各种疑问引发了一场大论战。这究竟是"Cheraim"村还是"Nitaim"村？在废墟下发现的宫殿，是不是大卫王的宫殿？以拉谷难道不是大卫和歌利亚决斗的地方？

所有这些问题都非常有意义。但最重要的是要知道，穷人、寡妇、孤儿、外国人的命运对于这段只有 16 厘米长的文字的核心意义究竟有多重要。实际上，这段文字圈定了一个生活在古代社会里的所有被遗弃和被迫害之人的范围。这也强调出，社会性反抗很早就在犹太传统中出现。奥兹写道："3000 多年前这里就诞生了一种文化，一种认为自己有义务责令强者去对弱者的命运进行思考的文化。"

他也强调了希伯来语中"Tsédaka"（同情）与"Tsedek"

（正义）这两个词语的相似性。他坚持认为，这种公平正义并不仅仅是强者的诉求，也是所有人的诉求。

奥兹没有错。但他非常清楚地知道，其他犹太人在其他的地方找到了犹太教的核心，而不是在这块陶片上。有人将他们的信仰建立在犹太教规定的犹太诫命613条之上，建立在祈祷之上，建立在学习之上，建立在对圣人的崇拜之上，建立在"卡巴拉"的神秘之上。也有人从自己个人的信条之中找到了寄托。奥兹认为自己与他们中的一些人很像。但是，犹太教没有教主，没有最高领导人，没有能指明正确道路的可靠指导。

阿摩司·奥兹从小上的就是犹太学校。他经常参加耶路撒冷"Takhkemouni"宗教学校的课程。有一段时期，他甚至一直戴着圆顶小帽。即使在被排挤到边缘的时候，他也从来没有远离过圣经，没有中断与宗教世界的联系。但现在他认为当时的宗教世界是令人悲观的，他悲观是因为他发现在有那么多美德的"哈拉卡"（犹太教口传律法）里，还有关于知识、学习、热情以及狂热的发展，但是除了这些，他也为这些鲜活力量逐渐产生的局限性即创新性的丧失而感到惋惜。迈蒙尼德们在哪里？耶胡达·哈莱维们在哪里？伊本·盖比鲁勒们都在哪里？他们没有传承人。创新性？它从"哈拉卡"的世界来到了文学世界，即使希伯来文学从来没有中断与古代世界的联系。文学让创新性重新恢复生机。为了不把对文学的辩护和影射看作自我辩护，他列出了所有让以色列小说获得重新喘息的机会的人。

犹太文化？在阿摩斯·奥兹看来，以色列的文化是不是犹太文化的继承？这是一代代人积累的所有东西，是那些诞生于内部和被外部所滋养的东西，是那些希伯来语所创造的东西，是那些被其他语言塑造的东西，是那些被写在纸上的东西，也是那些存在于文本之外的东西。也许还是行为、态度以及做人的方式。

也许是对批判性精神、自我嘲讽、自我同情、夹杂着异想天开的实用主义的喜好，是对宗教的似信非信，是夹杂着黑暗思想的欢喜，是忧郁的快乐，是对所有统治地位深深的不信任，甚至还有对不公正的坚决反抗（又回到了陶片）。

这种矛盾的特性并不是在所有的人身上都会展现。这种特性可以在个体身上表现出来，也可以在被主流社会排斥的人身上找到，比如耶稣、海涅、卡夫卡、马尔克斯、马克斯兄弟、汉娜·阿伦特、伍迪·艾伦、先知耶利米，还能从《传道书》中看到，同样能从戴维·巴洛格拉比（摩洛哥诗人及歌手）、泽尔达、耶胡达·阿米亥、撒麦赫·伊兹哈尔等人的身上看到。

辨识这些感觉并不难。但是用一些定义来界定它们却几乎是不可能的。

创业的国度

2009年11月。两位分别来自以色列和美国的年轻研究人员用希伯来语和英语发表了一本名为《创业的国度》的书,在世界各地广泛传播。

丹·赛诺与索尔·辛格共同撰写的这本书,旨在了解以色列如何进行高科技革命。作为一个年轻的国家,一个拥有800万人口、从建国之日起就生存在战乱之中的国家,如何变成现在这样?两位作者大胆地将之称为经济"奇迹"。在短短几年的时间里,以色列创设了很多新兴企业,数量比很多稳定的发达国家如日本、印度、加拿大、韩国以及英国还要多。

这本书开篇首先介绍了"乐土公司"这个不属于高科技行业的公司的创业史。虽然并非一个大实业兴盛发展的历史,但这是一个对风险的尝试。书中也谈到年轻的以色列企业家沙伊·阿加西,一个来自伊拉克移民的儿子,如何在达沃斯与雷诺集团的董事长卡洛恩·戈恩相遇。这次由西蒙·佩雷斯协助安排并出席的会面目标,就是要让法国的制造商同意由以色列生产可以在指定充电站更换电池的电动汽车。这次会见9个月之后,戈恩同意了,他也认为以色列将会成为这个项目对外展示的一个窗口。然而,这项尝试起步不久之后就遇到了很多困难,但这是以色列大胆创新的影射,是这个国家的精神,是开拓各种可能性的意愿,尽管结果并不总能如预期的那样出现。

在丹·赛诺与索尔·辛格所讲述的"成功的故事"中,还包括由两位刚刚在军队服完兵役的年轻人创立的网络反欺诈公司"Fraude Science"。这两位年轻人用一个周末的时间就区分出10万多个网络交易中的真实交易和诈骗交易,数据远比"paypal"(贝宝)提供的专业数据要精确得多。这只是建立在一个简单的想法之上:"'真'的顾客对他们上网的痕迹坦诚相告,而骗子则对此隐瞒。"

在这本书完成时,以色列共有3850家公司。在纳斯达克上市的以色列新兴企业的数量远远领先于世界其他国家(除了美国和加拿大)。以色列在研发上的投资占比位于世界前列(以色列4.5%,日本3.2%,美国2.7%)。

这种创新意识取决于什么?从何而来?这是否与以色列人典型的"胆量"有关?这种"胆量"也可以被看成是"肆无忌惮"或者是"毫无顾忌"(或者,如果往好了说,甚至可以被认为是"直入主题")。这本书中谈到的故事都可以用"胆量"来总结。

一个美国人、一个俄罗斯人、一个中国人以及一个以色列人接受了一位记者的采访:"请问你们对肉类短缺有什么看法?"美国人的反应是:"什么是短缺?"俄罗斯人问道:"什么是肉类?"中国人一般会问:"什么是看法?"而以色列人会说:"什么是'请问'?"

这是否与从军队中传承来的性格有关？这是不是已经习惯了白手起家的新一代移民所创造的这样一个大熔炉的影响？这是环境的压力吗？以色列高科技产业最重要的投资者约西·瓦尔蒂经常说："以色列高科技真正的父母是阿拉伯国家和夏尔·戴高乐的抵制，是他们让我们意识到掌握以及发展工业的必要性。"

本书的这两位作者也提出了在创新领域实现大的飞跃的几点原因。

第一，以色列社会崇尚平均主义，没有阶级分层。以色列社会支持言论自由，也鼓励大胆尝试。

第二，以色列人从小就经历的战争让他们学会了承担责任，而军队则是技术革新的孵化器。

第三，大量的移民人口使得很多在以色列出生的年轻人从他们的父辈身上继承了这种超越自我的意识。

这是否过于乐观？当然，作者在书中也提出了它的危险性和局限性。他们也想知道，其他国家是否可以从这种"经济模式"中受到启发，但他们同样也想给别人展示这种"奇迹"所带来的风险及威胁。无序、即兴、传统的缺失，起初都是动力，但偶尔也会消失殆尽，无法持续地融入后续的过程中。但这些都不重要。美国NBC的副董事长完美地解释了这种融合："为什么这些都发生在以色列？我从来没有看到过如此多的无序和创新同时集聚在同一个地方！"

然而《创业的国度》——这种说法早已深入人心——是一本激情澎湃的书，书中所提供的数据都非常有意义，展示了置身事外的观察者可能需要花费更多时间才能发现的这个国家的某个面向。西蒙·佩雷斯为这本书作了序，在序言中，他表达了自己的乐观。本书的最后，也提到了一场意义非凡的会面。它揭露出了一种现象的开端，两位作者看到了这种开端的萌芽及其不断壮大。

　　新的探索还将继续。10 年之后我们才能发现，这种现象对以色列社会的深层以及持续影响到底是积极还是消极的。结果即将呼之欲出。

战俘

2010年3月6日。以色列电视台播出电视剧《战俘》的第一季。这部电视剧是根据公众关注度极高的一个传奇之家的故事改编的。

"Hatoufim",希伯来语的意思是"被绑架的人""人质"。这是吉迪昂·拉夫的一部电视剧,讲述了战争犯返家后的故事。

一次在黎巴嫩的行动中,三名以色列士兵尼姆罗德、乌里以及阿米艾勒被捕,被伊斯兰圣战组织的成员关押在叙利亚。17年之后,他们中的两人被释放,试图重新回归正常的生活。他们回到家乡的生活充斥着噩梦、在狱中经历过的幻觉、夜晚涌上心头的创伤,还有返回的困难、家长里短、没有结果的爱情,以及发现在被俘这些年中情报部门人员假扮的角色。这部电视剧充分展示了这些人物形象,尤其关注了第三个战俘的生活。至于第三个战俘,我们对他一无所知,他可能留在当地,皈依了伊斯兰教,选择继续在叙利亚生活。

这是第一部讲述了返回世俗生活的战俘的电视剧(在战

争中被俘虏然后获释的人有 1500 人之多)。

《战俘》获得了以色列电影学院最佳电视剧奖。雅艾尔·阿贝卡西斯因扮演其中一名战俘妻子而获得了最佳女主角奖。这部电视剧后来被美国改编成《国土安全》，在德法公共电视台播出。以色列社会内部也围绕这部电视剧展开了激烈的讨论。很多人质疑电视剧情节的可信性，战俘的家属则抗议这部电视剧宣扬了哈马斯的行动。

雅艾尔·阿贝卡西斯是以色列最著名的女演员之一。她出生于摩洛哥。她经常翻看《巴黎竞赛画报》上阿兰·德龙以及罗密·施耐德的照片，也经常观看克洛德·苏台以及弗朗索瓦·特吕弗的电影。因此，她开始学习法语，并爱上电影。她也承认自己被这部电视剧的情节震惊了。

> 我听了很多路人的讨论。可以肯定，起初他们不愿意面对这些。人们不能面对这些，是因为这太沉重，他们不想看。还有，克拉德·沙利特（被哈马斯关押的法国以色列人）当时仍然是战俘。在电视剧中，人们对冲突的看法不一。但无论如何，他们都认为，这个战乱之国付出的代价太大了。这种代价让母亲失去了孩子，这是极其不合理的。对我来说，进行讨论并聆听与我本人持异见的人的观点非常重要。每一分钟，我的想法都在变化着。我没有统一的思想，我有很多立场，也有许多感想。我遇到过战俘的妻子们。我联系到了在叙利亚战争中被绑架了三年的赫兹·沙伊还有他的妻子伊莉。这是以色列的现实，我们一直生活在这样的环境里。

她又接着说：

> 还有什么比战争更残酷的吗？残酷存在于两方面，肉体和精神。所有都是真的。肉体和精神都是战俘，都是受害者……这部电视剧是对人类暴行的一个极大的影射。

电视剧的第二季引发了另一场争议。剧中有一个电影记者名叫阿丽亚娜，她被塑造成一个"泼妇"的形象，含蓄地影射了一个名叫阿丽亚娜·梅拉米德的电视评论家，她曾强烈抨击第一季。在其他同行的支持下，梅拉米德严重抗议对她的不公正对待，认为她只是在履行她的职业使命。导演们回应说，这丁点儿的幽默仅仅是为了给这部严肃的电视剧增加一点点调剂。

在所有题材的电视剧中，不得不提另一种类型的电视剧《谢迪瑟之家》。

《战俘》吸引了大量的观众，也让观众的阵营一分为二。《战俘》引发了外国改编以色列电视剧的热潮。从《战俘》之后，以色列人开始展现他们在电视剧制作方面的天赋。他们制作的电视剧或多或少都获得了成功。少数群体阿拉伯裔人最喜欢阿拉伯作家赛义德·卡舒亚创作的《阿拉伯劳工》。年轻的"波波族"热衷于追捧 *Ramat Aviv Gimmel* 这部讲述"Ramat Aviv Gimmel"街区里时髦知识分子之间浮躁爱情的电视剧。

《谢迪瑟之家》是近年来深受好评的电视剧之一。电视剧的导演奥里·埃隆和耶胡内森·因德斯盖都出生于极端正统犹太教家庭。因德斯盖曾在伯尼布莱克的叶史瓦神学院学习，后来又去了山姆士皮革影视学院。他们在电视剧里讲述的日常生活，都是电影和电视剧中极少关注的一些领域，没有重蹈过去老调重弹和讽刺幽默的覆辙。

这本电视剧已经播出了两季，每季12集。第三季正在制作中。这部电视剧里有很多打动人心的人物。阿吉瓦，一个备受折磨的年轻画家，他在所生活的严守戒规的圈子里找不到自己的位置，但也无法中断与这样一个生活圈的联系。拉夫·疏勒姆，失去了妻子、得不到安慰的鳏夫，他是一位满腹智慧的老师、苦口婆心的父亲。他经常警告他的儿子："你的母亲曾经想让我学更多的东西，想让我多洗几次澡，但她从来没有要求我改变。你听到我说的了吗？从来没有！不要与一个要求你改变的女人结婚！"还有他的姐姐吉塔，被丈夫抛弃，返回家里想要修复破碎的家庭但最终决定在阿根廷开始新的生活。还有他的姑妈，一个生活在仇恨中的80多岁的女人，喜欢电视剧里的西方人物，她对她的一个朋友（从来不看电视）说："他们也戴着大大的帽子，就像在希伯伦……但他们没有精神的约束。他们经常撕扯头发！"还有一个漂亮的女人艾莉舍瓦，她欣赏阿吉瓦的梦想，但她不能从失去丈夫的悲痛中自拔，也不能下定决心重新开始新的生活。

这一方寸世界位于耶路撒冷极端正统犹太教街区"Gueula"区，这里的人物也都与《人间喜剧》中的人物有几分相似。在这部电视剧中，我们看到了同样的热情，同样的痛苦，同样的与传统和现代的决裂，同样的对生存的热切渴望，同样的人文主义。但这是"哈雷迪"世界的第一次自我描绘，既展现了他们的优点，也暴露了他们的不足。

撰写了"科西嘉犹太人"[《犹太人回忆录》，勒米厄（Lemieux）出版社，2016年]的作家迪迪埃·隆恩，一向不看电视——虽然他与一个电视剧明星结了婚。他谈论起《谢迪瑟之家》每一集里的人物都是滔滔不绝。他在其博客中写道：

> 我沉浸在这部电视剧中无法自拔。这部电视剧展示了人间万象。每一次电影中谈到哈雷迪犹太教，都是用一种世俗的眼光……一个人陷入了爱情，然后离开……就是这样。然而，这部剧中的人物，他们热爱生活，他们就是普通的人物，也会遇到普通人的问题。生活在一个"另类"社会让他们的家庭生活如此贴近现实。一个或近或远的世界，没有丝毫的夸张。很感人，去看看吧！

《谢迪瑟之家》播出之后立即引发了社会的关注，在以色列获得了很多奖项。美国好几家电视公司都购买了它的版权，这部电视剧的DVD也在法国畅销。

可以喝的海水

2010年6月21日。以色列政府决定修建索雷科工厂。这是以色列也是全球最大的海水淡化工厂。

索雷科工厂是世界上最大的海水淡化工厂,利用"反渗透"这项当今世界上认为极其有效的技术,通过软性薄膜对海水进行过滤。

2011年,特拉维夫郊区的里雄莱锡安举办了索雷科工厂的奠基仪式。2013年工厂开始全面投产。通过海水淡化,这家工厂为以色列提供了20%的自来水,使以色列成为人工制水的先驱。

过去这些年,面对长期的干旱和缺水问题,以色列采取了很多措施,在全国范围内发起了降低生活用水消耗量、推广微型灌溉以及回收下水道废弃物的运动。在处理废水领域,以色列无可置疑地成为世界领先的国家。根据一份以色列政府的工作报告,以色列能将87%的家庭用水处理后重新用于农业(排名世界第二的西班牙,只能处理20%的家庭用水量)。

但让以色列能够实现用水全面自主的秘密武器是海水淡化

技术。几年之内，以色列就在海水淡化领域内取得了关键性进展。2017年以色列75%的生活用水来源于死海，剩余的部分来源于加利利湖。每年，以色列利用"反渗透"技术能制造出六亿立方米的饮用水。过去十年，以色列修建了五个海水淡化中心。以色列大部分生活用水依赖一个永不枯竭的水源——海水。

但这并非一帆风顺。科学研究人员十分担心这种提取海水的方法会对生态系统产生影响。此外，以色列的一些地区也还没有存储经过处理之后的水的能力。

这种对水资源的管理模式吸引了世界越来越多国家的关注。对世界各地的代表团来说，索雷科工厂已成为一个必游之地。这项技术由IDE技术公司设计建造，初出茅庐就已经促成400家海水淡化工厂在40多个国家落地生根，其中包括西班牙、塞浦路斯、美国、印度、中国，等等。这项技术给以色列带来了源源不断的订单，其中也包括来自埃及的订单。

作为与巴勒斯坦人发生冲突的源泉，自来水是否有一天也会成为和平的源泉？2017年1月15日，中断六年之后，以色列与巴勒斯坦当局重新签署一份协议，继续开展位于约旦河附近的自来水合作项目。

纳克拉沃区的喧嚣

2010年11月14日。被视为"当代拉希"的亚丁·史坦萨兹完成了《塔木德精要》。这是一部标志性的作品,对《塔木德》进行了翻译(从阿米拉语译成希伯来语)和评论。

耶路撒冷的纳克拉沃区。亚丁·史坦萨兹拉比迈着轻盈的脚步走了过来,嘴角带着微笑。他总是妙语惊人。法国人——这是他的嗜好。他的妻子是法国人,最终说服他陪她去了巴黎,重游了她小时候熟悉的那些地方,尤其是她长大的玛黑区。——是他喜欢嘲笑的人,还有法国的知识分子,这些都是他喜欢谈论的话题。

托马斯·尼塞勒是中心的负责人、财务负责人、联络员及活动组织者,彼时也是咖啡的永久供应商——和巴尔扎克一样,亚丁·史坦萨兹喜欢喝"Nesspresso"咖啡,总是一杯接着一杯。托马斯·尼塞勒带我们参观了亚丁·史坦萨兹中心。天色已近黄昏,像平日里一样,喧嚣的街区开始变得安静。在中心,我们看到墙上挂着一幅巨大的耶路撒冷的全景与亚丁·史坦萨兹的合成照片。这是一个来圣城参观的澳大利亚人制作的。他非常感激自己能够参观这座圣城、有幸能与喜欢叼着烟斗的史坦萨兹拉比见面。为了表达他对圣城和史坦萨兹拉比的尊敬，他将两者合二为一。

走廊两边是一幅幅的照片。托马斯停在一幅照片前。照片上，他的老师史坦萨兹拉比正在接受扎勒曼·夏扎尔总统的接见，旁边是他的父亲（我也有同样一张照片，里面是我的父亲正在接受扎勒曼·夏扎尔总统的接见，也是同样的姿势）。史坦萨兹双腿交叉坐着，而他的夫人似乎对她的丈夫非常不满，并不是因为他的姿势，而是因为他脚上穿的袜子特别短，以致露出了一截小腿肚子。这让托马斯觉得非常好笑。

这位史坦萨兹的忠诚助手非常自豪地停在了史坦萨兹和以赛亚·伯林的一张照片前。他对我们说，是他为两个人牵的线。后来，史坦萨兹跟我们说，他与以赛亚·伯林的关系特别好。这位英国哲学家多次特地来以色列拜访他，跟他讲述一些从来没有与别人分享过的故事。还有一段时期，他与斯大林的女儿斯维特兰娜也非常亲密。另外，他喜欢听人们所谓的"瞎扯"和"八卦"等流言蜚语和无稽之谈。他也向我们袒露，以赛亚·伯林年少时曾坐着船穿过大西洋来到海法。在这次乘船旅行中，以赛亚·伯林认识了一位想在"伊休夫"里获得一定知名度的年轻犹太复国主义者。这位年轻的犹太复国主义者是不是亚伯拉罕·斯特恩？总之，史坦萨兹与以赛亚·伯林一直保持着联系。大概正因如此，这位英国随笔作家才对以色列这个底蕴深厚的国家有所热爱吧。

史坦萨兹对我的妻子说——我的妻子将他的一本书由英语翻译成了法语——她应该学习希伯来语（她真的应该学习希

伯来语)。他也提到了他与让·保罗 - 萨特以及西蒙娜·波伏娃的见面。"有一天，我对萨特的女儿阿尔莱特·艾尔卡姆依姆 - 萨特说了同样的话，我告诉她她应该学习希伯来语。几年之后，她高兴地跑来告诉我，她已经开始学习希伯来语了。"

他也对我说，有一次他差点在罗马见到新的教皇弗朗西斯一世（即方洛各教皇——编者注）（教皇宣布他要在犹太朋友亚伯拉罕·思科卡拉比的陪伴下出访以色列），就像他在梵蒂冈见到了教皇的前任本笃十六世一样。我建议他写一部传记，讲述他与这些人的故事、他的阅历和他做过的演讲，也应该给人们讲讲他翻译《塔木德》的各种方法。

托马斯说起这些来滔滔不绝。经过多次的接待活动，他已经建立了自己的一套理论。我不止一次地听他说法国人多么能说会道和异想天开。在他看来，法国人有时候也特别浅薄。他生气地说："想象一下，史坦萨兹在法国的明信片上已经存在了25年。塔木德、他的书、广播电视节目、访谈、与他妻子的家庭关系……所有这一切都是为了什么？就是为了形成现在这种局面，就像在法国司空见惯的一样，人们漫不经心地读书，吹捧根本都听不懂在说什么的演说家，长篇大论地讨论一本压根没有翻开的书。就是这样……""但最终你还想从法国民众那里得到什么呢？我应该长舒一口气吗？""他们庆祝有关史坦萨兹的节日，购买他的书。他们读这些书吗？这就是另外一回事了。白色封面的《塔木德》在很多书店里居高临下。这已经取得了胜利。"

我在史坦萨兹拥挤的办公室里看到了他。他抽着烟斗，声音突然变得虚弱。托马斯给他端来一杯凉了的咖啡。一个小时之后，芙丽玛·奥朗德——是的，他的女助手与著名的法国总统同名，她也自诩自己与总统有几分相像。但史坦萨兹警告我说，别相信她说的话，因为她喜欢自夸——又给他端来了一杯咖啡，但他并没有喝。他的声音低沉得几乎听不见，但在他说话的过程中，他的眼睛熠熠生辉，夹杂着一丝幽默，努力去寻找着在他记忆中有趣的故事和回忆。

写一部传记？讲述他的回忆？史坦萨兹拉比高高地举起了双手。他正在酝酿一部关于迈蒙尼德的著作，之后还准备为法国和美洲各写一部《塔木德》。他已经为接下来的140年做好了写作规划。他需要为他与以赛亚·伯林以及本笃十六世的回忆做些什么？他们不需要他，他们自己可以搞定一切。

后来，在我离开之前，突然——这是他的习惯——他抑制不住自己的激动，跟我谈起了舒沙尼的"最后一个女人"。最近，以色列人都在议论舒沙尼，因为一部关于他的电影正在制作中。

你对舒沙尼很感兴趣，但你知道他差点就要与一个摩洛哥的犹太女人结婚吗？这婚最终没有结成，因为家庭不认可。这个女人是我妻子的一个朋友的妹妹，她的名字是蕾维。

当时我对此早有耳闻，正着手去寻找这位将令人敬畏的舒沙尼吸引的年轻神秘女人。我克制住了自己，没有告诉他我已经知道了很多这方面的事。

在以色列停留的最后一晚，我从我的哥哥维克多那里了解到，史坦萨兹拉比正在经历着病痛（这真是令人难过的消息），已经不能说话了。我们再也听不到这个伟大人物的声音了。我想起了周六早晨祷告时要说的一段话（题目叫作《所有生者的灵魂》）。在这段祷告词里，我们感谢耶和华给了我们舌头，让我们得以说话。

被审判的卡夫卡

2012 年 10 月 14 日。长达六年的诉讼之后,特拉维夫法院判定,卡夫卡的手稿属于耶路撒冷希伯来大学。

1939 年,在纳粹开始将魔爪伸向布拉格的最后一刻,马克斯·布罗德跳上最后一班火车,离开布拉格,前往以色列。他的手里只拎着一个行李箱,里面装着 15 年前因为得了肺结核而死去的朋友弗兰兹·卡夫卡的手稿。

最近,关于这个手提箱、这列最后的火车、这个背弃的誓言以及超越了死亡的友情故事终于在以色列走到了终点。

马克斯·布罗德与他的妻子在特拉维夫定居之后,继续撰写小说和剧本,成了海法哈比玛大剧院的剧作家,甚至 1948 年还获得了特拉维夫市政府颁发的著名年度文学奖。定居不久后,他的妻子离世,他开始与他的秘书艾斯特·豪弗住在一起。艾斯特·豪弗给他的写作提供了很多帮助。他出版了一部关于卡夫卡的传记,也写了一本自传。在他的自传中,他讲述了自己与卡夫卡的友谊,他认为卡夫卡是一个天才。

1968 年,马克斯·布罗德去世以后,艾斯特·豪弗继承了他的所有资料,其中包括弗兰兹·卡夫卡的手稿。

因此,这也是为什么卡夫卡这位伟大作家的手稿某一天清晨会出现在一个他从来没有去过的城市,出现在一间他并不认识的公寓里,还掌握在一个他从来没有见过的女人的手里。在耶路撒冷的民事法院里,所有想要获得卡夫卡手稿的人都卷进一场无止境的官司里:耶路撒冷希伯来大学认为,根据马克斯·布罗德的遗嘱,应该由耶路撒冷希伯来大学来继承卡夫卡的手稿;而德国档案馆也想争取手稿的拥有权,因为他们认为卡夫卡在创作这些作品时,希伯来大学还不存在;艾斯特·豪弗的女儿伊娃·豪弗以及鲁特·韦斯勒也想要获得她们母亲——已经以102岁的高龄去世——的遗产;布罗德所属的"Schoken"家族控制的《以色列国土报》也想从中分得一杯羹。这场官司引起了轰动,也让历史一次又一次地浮现在人们面前。

在各方的辩词中,在各种长篇大论的辩词中,我们忘记了一点,马克斯·布罗德与卡夫卡的友谊。在这场友谊中,一个人将无法捍卫的誓言寄予另一个人,而另一个人却认为,不信守承诺对他朋友而言是更大的忠诚。

261

在他们两人的通信中,有一封信引起了人们极大的兴趣。在信中,卡夫卡命令布罗德烧毁所有的东西。

亲爱的马克斯,我的最终请求:所有我留在身后的东西(图书馆里、衣柜里、家里、办公室的办公桌里以及所有你在其他地方能找得到的东西)、日记、手稿、别人的信件、我的信件、我画的画,等等,所有这些都应该被烧毁，不能再让别人看到。还有，你应该以我的名义，把你或者其他人所拥有的全部手稿都索要回来并且烧毁。别人不想给你的信件，至少应该让他们自己去烧毁。(《弗兰兹·卡夫卡写给马克斯·布罗德的信》，Payot 出版社)

正如人们所看到的，布罗德并没有尊重卡夫卡的请求。

经过诉讼，特拉维夫法院最终做出了判决。这场诉讼在文学界引起了极大的反响，焦点在于，《审判》的作者死后，这份由他的朋友以及遗赠接收人布罗德所保存的手稿到底应该归谁。艾斯特·豪弗的两个女儿想保存这些资料，支持她们的是德国档案馆的负责人。德国档案馆认为，保存这些手稿资料的地方应该是德国，她们两人有权出售这些资料。相反，以色列国家博物馆以及以色列政府的代理人强调，根据遗嘱，布罗德希望将这些手稿交给耶路撒冷国立图书馆。这次判决对于以色列来说是一个胜利。卡夫卡的手稿成为一项公共遗产。这场诉讼持续了六年。

我爱你，我也不爱你

2013年11月17日。法国总统奥朗德访问以色列。这是继弗朗索瓦·密特朗及尼古拉·萨科齐之后，以色列议会迎来的第三位法国总统。

继弗朗索瓦·密特朗第一个访问以色列之后，雅克·希拉克和尼古拉·萨科齐都先后到访过以色列。弗朗索瓦·奥朗德在他任职法国总统的中期，对以色列进行了访问。

这场访问让法国和以色列在关键时期对关键议题的政治立场更为亲近。在一次日内瓦的会议中，双方就一项关于伊朗核武器的协议发生过外交冲突。以色列原以为自己会在这场战役中被孤立，但最终还是获得了安慰，即使这是暂时的。法国方面表示只要伊朗不放弃核武器，就会继续对伊朗政权施压。

这也是法国与以色列关系的修复。法国与以色列之间的友谊漫长而又历史悠久。它们之间的关系并不简单，总是充满激情。"我爱你，我也不爱你"，人们经常用这个矛盾修饰法来定义法国和以色列之间的关系，但这是现实的真实写照。在法以关系的共同推动者佩雷斯的陪伴下，奥朗德在以色列议会发表了一番豪言壮语，热情洋溢，亲切有加，令人信服。奥朗德表示，法国总是与以色列并肩战斗，法国与以色列的友谊已经持续了65年。应该承认他有所夸张。奥朗德回忆说，从1982年密特朗总统访问以色列开始，所有法兰西共和国的总统都来过以色列。他说的没错。但他说这段友谊持续了65年，其实，这段友谊最多只有40多年。有一段时期，这两个分处地中海两岸的国家队彼此都特别的冷淡。

当然，最近这些年，法国与以色列的关系有所升温，弗朗索瓦·奥朗德此次访问也给法以关系注入了新的活力。发布双边合作的宣言、签署各个领域的协议、呼吁更多的法国企业到以色列投资、促进两国高校交流及科研领域的合作、法语领域的更进一步合作并对此寄予厚望……在这次访问中，奥朗德强调，在以色列已经有10万多法国人，也可能是15万。法语成为以色列一门使用非常广泛、非常活跃的语言。

但在这次访问中同时引发关注的，还有法国在一些敏感问题上的直率。

弗朗索瓦·奥朗德在以色列议会中袒露：是的，应该需要一个最终协议，可以终止所有的要求，避免伤痕永远得不到治愈。是的，各方都应该有所行动，让谈判有可能实现。释放被关押的巴勒斯坦人就是其一。但继续修建定居点的行为是谈判的绊脚石。同样，巴勒斯坦方面也需要采取行动——奥朗德在拉马拉也这样说——尤其要接受在最终协议框架内的领土交换。正如耶路撒冷应该成为两个国家的首都。

在场的代表们对奥朗德的演讲反应不一。但民意没有被他的发言而左右。以色列民众对奥朗德表示出了积极的欢迎，其中也包括他对和平进程的宣言。《以色列晚报》的社论编辑在文章的结尾这样说:"是时候聆听一下我们朋友的话了。弗朗索瓦·奥朗德是我们的朋友,他值得我们倾听。"

在此次访问中,西蒙·佩雷斯全程展示了他的魅力。在奥朗德访问以色列的三天时间里,他一直陪伴其左右。他们彼此竞相恭维。奥朗德对佩雷斯说:"以色列有很多奇迹,您就是其中之一。"佩雷斯也毫不吝啬地回复道:"您已经知道如何征服以色列人民的心了。"

一位社论作家援引奥朗德在法国惨不忍睹的民意调查结果,幽默地说:"奥朗德应该在以色列多停留几天。如果我们采访以色列人,那民意调查的结果可能就会好一些。"

落雪

2013年12月12日。耶路撒冷飘起一场大雪。这是以色列国家气象史上最大的一场雪。

七厘米的雪。这打破了12月的历史纪录。学校及幼儿园都停了课。公共交通也已经停滞。火车和公交车不得不停在站台上。气温降到了零摄氏度以下。回顾历史,耶路撒冷上一次被大雪覆盖是在1967年。

一位博客作家在他名为"that happens"的博客里发表了一篇描述耶路撒冷美丽雪景的博文,很快就引来大量评论。大家争相讲述这场在圣城出现的极为罕见的大雪带来的种种不同寻常的故事。每个人都心潮澎湃。清晨,孩子们睁开眼,当他们听到广播里传来停课的消息时,情不自禁地开始欢呼。很快他们就跑了出去,打起了热闹的雪仗,不时地停下来搓一搓早已经被冻得麻木的手指。

电视里,新闻节目的主持人站在一个雪人前连线;年轻活泼的耶路撒冷市长尼尔·巴卡特被拍到正站在一台台除雪机前。电力时不时地被中断。脸书上满是朋友们外出自拍或拍摄雪花的照片。

耶路撒冷的大雪，这多么不同寻常，几乎都不真实。热气腾腾的汤，窗户玻璃上画出的一个又一个圆晕和小雪人，戴着手套拿着包或报纸的行人，裹着被单和大衣的路人，以往坐在露天咖啡馆外喝咖啡的人也没有了那份闲心，匆匆跑去侍弄自己的汽车，生怕打不着火……

这场雪带来了欢乐，也带来了一种乡愁般的无精打采。因为，这个世界突然开始被安静包围。几个小时后，所有的嘈杂都消失殆尽，自然开始唱主角。这样的洁白赋予了这座城市几分轻盈，也给了它几分庄重。忽然，这座城市就沉默了。大街小巷无法行车，但并不是因为有活动。仅仅是因为一场雪，整个街道都变成了一片白色。这是片刻的宁静，白色的景象慢慢模糊，雪融化了，生活又恢复了往日的节奏。熟人相遇，交谈甚欢。

耶路撒冷城成为新闻报纸的头条。寒冷成为新闻报纸的主要话题，将司空见惯的冲突、社会轶闻以及政治性社论赶出了报纸的头版。字里行间，所有人都盼望着这座城市每三到四年就能下一场雪，让大雪覆盖人行横道、路面、树木、汽车，让大雪落在行人身上，让一切都获得几个小时的平静。

在耶路撒冷，每个人都知道，下雪就是一场盛宴。

朝圣耶路撒冷（二）

2014年5月25日。追随着约翰·保罗二世及本笃十六世的脚步，教皇方济各在一位穆斯林伊玛目及一位犹太教拉比的陪伴下，来到安曼、伯利恒及耶路撒冷。

这次访问不同于之前的任何一次。这是继约翰·保罗二世与本笃十六世之后的一次访问，但又与这两次有所不同。

首先，教皇方济各与他的前任们并不一样。他与他们有着不同的性格、不同的脾气。约翰·保罗二世是一位哲学家，本笃十六世是一位神学家。而方济各是人民的教皇。他行事俭朴，愿意简化所有的奢华。人们亲切地称他为"街头的教皇"。他修订了罗马教廷现行的政策，也不住在梵蒂冈。在去梵蒂冈度过一整个白天之前，他会与教会的朋友们一起吃早餐。

他在出发之前一再强调，此次访问将会是一次"严格的宗教访问"，不会涉及政治问题，他不会就和平进程以及以色列与巴勒斯坦的对话发表任何意见。但最终，没有人会相信。所有人都知道，在世界的这个角落里，人们可以避免陷阱、避免去站在一方或另一方的立场上，但很难摆脱地缘政治的大环境。总之，此次访问公之于世的首要目标，将是与中东的教会加深联系。2014年是教皇保罗六世与亚德纳格拉斯宗主教于1964年会面的50周年。教皇方济各想通过自己对东正教普世牧首巴塞洛缪的访问作为50周年的庆祝。针对这次会面，他做了两次纪念（这证明了会面的重要性），第一次是在他到达时，第二次是在圣墓教堂为世界祈祷时。

教皇方济各选择了两个最好的朋友陪伴他。同样来自布宜诺斯艾利斯的亚伯拉罕·思科卡拉比和一位担任布宜诺斯艾利斯伊斯兰教研究所负责人的伊玛目。亚伯拉罕·思科卡拉比撰写过一本与教皇谈话的书，法语版书名叫作《天与地》，希伯来语版书名叫作《从罗马到耶路撒冷》。

对以色列来说，这次访问的行程或多或少都与前几次相似。访问哭墙、在大屠杀纪念馆进行演讲、与佩雷斯和内塔尼亚胡会面……但这次行程中也额外安排了与以色列两位大拉比的会面、访问赫兹山以及在马可楼礼拜。这是一次教皇的礼拜，但并不是轻而易举就能实现的。这是此次行程安排中最棘手的，因此礼拜被放在了行程最后，以半私密的方式进行。

马可楼是耶稣举办最后晚餐的地方。它紧挨着大卫王墓。它是基督教的圣地，同时也是犹太人心目中最神圣的地方之一。因此，这也引起了一部分视基督徒为攻击对象的犹太宗教极端分子的愤怒。这虽然只是一小部分人，但他们仍然造成了一定的影响。

很长时间以来，天主教会都想将这些地方划归其管辖范围，但遭到了以色列的拒绝。教廷方面希望通过这次访问，以色列政府可以允许双方更为频繁的往来。

教皇对以色列的访问由本·古里安机场的热烈欢迎仪式开启。机场铺上了红毯，奏起了梵蒂冈的国歌及以色列的《希望之歌》。西蒙·佩雷斯对教皇的亲民行为表达了敬意。他对教皇说："您是我们的兄弟，我们欢迎您。"他多次提到先知以赛亚的呼吁："我们要坚持正义，要让寒冷的人有所衣，要让饥饿的人有所食。"本雅明·内塔尼亚胡也强调，以色列是一个宽容的国家，它保证每个人宗教信仰的自由，正如它保证对圣地现状的维护。

方济各教皇表示，他对此次访问深感荣幸。他说："建立和平并非易事，但不能和平地活着是一种痛苦。"就像之前在伯利恒所做的那样，他表达了自己的希望，希望两个国家的共存不仅仅是一个梦想，而且要成为现实。

在哭墙前面，发生了这样一幕。方济各教皇往耶路撒冷哭墙的缝隙里塞了一张纸条。然后，他走到他的朋友亚伯拉罕·思科卡拉比以及布宜诺斯艾利斯的伊玛目面前，与他们两人紧紧地拥抱在一起。这是一个亲密的时刻，同时也是一个展示了不同宗教之间融合的举动，简单而又自然。这也体现出这位厌恶冗长演讲、更喜欢亲身经历以及贴近现实的教皇的风格。亚伯拉罕·思科卡拉比被深深地感动了，他说："与亚德纳格拉斯宗主教拥抱，这有过先例；但像我们三个人这样的拥抱，则史无前例。"

还有另外一个时刻极具象征意义：在以色列总统以及总理的陪同下，方济各教皇来到了赫兹山，给犹太复国主义理论家西奥多·赫茨尔的坟墓献上了一束鲜花。110年前，西奥多·

赫茨尔曾劝说庇护十世支持成立犹太人的国家,但庇护十世以"我们不能"而拒绝了他。此举也是前所未有的。之前的两次访问——更别提第一次,即保罗六世那次,留下的尽是酸楚——都不包括访问赫丝山这一行程。从这点来说,方济各教宗第一次打动了以色列人民的心。

被背叛的忠贞

2014年10月24日。阿摩司·奥兹开始创作他的宗教小说《犹大》。

我喜欢他咬文嚼字的方式,欣赏他给语言赋予的那种特殊力量。字字句句地斟酌,就像是在仔细地把玩一件古物。我喜欢他对语言节奏的把握,总是抑扬顿挫,让文章更加和谐。我喜欢他严肃的语气,伴随着他熠熠生辉的眼神,他想要表达的东西总是高度凝练。这总是让最不起眼的东西获得了一层更深的含义。

"这是一个关于人的故事。关于他们所想,他们所信,关于他们所相信的个人所认为的。"开篇这一席话,让你身临其境,将你置于他想讲述的核心。

正如他最后一本书里的第一句话那样,一开始就搭好了框架,展示了书里的内容:

这是一本关于1950年底至1960年初的一些冬日时光的叙述。在这些叙述中,有错误,也有希望,有失落的爱情,也有一个关于宗教的问题,依然无解。

他的最后一本书《犹人福音》首先在以色列出版,大获成功,但同时也招致了为数不少的批评。后来,这本书的法语版本得以问世(伽利玛出版社,法语版书名为《犹人》)。

阿摩司·奥兹的这本书描其如料,把三个故事融合在了一起。

第一个是耶路撒冷的故事。在1930年年底那个冬日的最初三个月里,这座城市被攻占了。人们走过小巷,走过护城壕,走过高高的城墙。瘦骨嶙峋的年迈妇人,躲在厚重的窗帘后面。虔诚的信徒走在马路上,准备去做安息日的祈祷。咖啡馆里的人坐在那里喃喃自语,没有出路的后院,阳台上的天竺葵,冬季温暖的灯光,暗红色的石头,教堂的钟声,被主人遗弃的猫以及凶神恶煞般的狗。这是从前的耶路撒冷,依然保留着独立战争的痕迹,保留着对这座城市分而治之后留下的痕迹。

第二个是萨缪尔·阿什的故事。一个加利利地区的年轻小伙子来到耶路撒冷大学学习。因为他的父亲不幸破产无法再继续为他提供资助,他不得不中断学业。也因为他的女朋友要与一个学习水力的老友结婚,他陷入了谷底。他感到非常的孤单。他所加入的"社会党集会"也逐渐失势,不断地分化,最终解散。然而张贴在大学行政办公室墙外的一则广告吸引了他:一个年迈的残疾人想找一位年轻人,他能为他提供住处但前提是他要陪伴他、听他说话。因此,这个小伙子来到了一座位于艾尔巴兹路尽头的陌生房子里。这座房屋里居住着一个漂亮的女人，举止优雅，比他大几岁。但他很快就爱上了她。她非常挑剔和悲观，显得那么冷酷无情，但又展示着自己神秘的魅力。实际上，这位漂亮的寡妇在独立战争中失去了丈夫，她的丈夫就是这位老人的儿子。在这种残酷的情形下，她无法从悲恸中走出来。她丈夫的父亲是著名的阿布拉瓦内尔先生，他是倡导以色列建国的"圈内人物"之一。他曾是大卫·本·古里安身边的人，但又逐渐开始远离这头"年迈的狮子"。后来，他成为以色列建国的反对者，支持成立两国联盟，因此被他的同伴视为叛徒。他逐渐远离公众，陷入无尽的痛苦之中无法自拔。就是在这座封闭的房子里，这三个被生活所折磨的人陷入了沉思。也就是在这三个人的对话中，在耶路撒冷漫长的三个月的冬日里，萨缪尔·阿什开始酝酿自己的计划。

这个得了哮喘的虚弱年轻人与两位房东之间的对话是这篇小说里不断跳跃的节奏。这本小说谈论了以色列建国，谈论了忠诚与背叛，谈论了爱情与欲望，谈论了犹太教与基督教。这个年轻的小伙子也开始渐渐地与世隔离。他的姐姐不断地从海法给他写信，这让他想起当他们还是孩子的时候，他们经常一起散步。那时的他总是想知道：做这一切都是为了什么？

同时，萨缪尔·阿什也来到以色列犹太建国会档案馆，潜心研究关于著名的阿布拉瓦内尔的资料。阿布拉瓦内尔是一个与当时集体意见格格不入的反对者，这引起了本·古里安的愤怒，将其从犹太复国主义者的阵营里驱逐了出去。档案馆的负责人告诉萨缪尔·阿什，他至少还要再等待40年，才能有机会看一眼关于"伊休夫"的讨论。就在这时，另一个主题跳八了他的脉流，耶稣和他儿子。

因此，这本书又有了第二个故事，关于犹大的故事。

离开大学之前，这个年轻的小伙子又研究了这个主题，研究了耶稣与犹太人关系的主题。他自己也是犹太人。但他并没有完全放弃自己的计划，这个计划反而让他有了写一本书的想法。

当阿摩司·奥兹被问起如何产生了写这本书的灵感时，他回答说，他这一生都在用另一种方式思考着这个问题。宗教让他的书有了名字，最初也形成了书的主线，但这实际上并不是这本小说所涉猎的范围。每个人在读完这本小说时，几乎都忍不住想再读一遍。在这本小说里，各种主题交错复杂，凝聚成一股特殊的力量。

对话是小说的中心。这位 24 岁的小伙子，为了糊口，每天晚上都要来到这位卧床不起的老人家里。这位头发稀疏但又满腹智慧的老人，执着而又健谈，花钱让人来听他每天的闲扯，听他嘴里跳出的无数俏皮话，忍受他饱含哲理的滔滔不绝。这位年轻的寡妇用她自己的方式，按照她自己的意愿和规则以及自己的节奏来生活。他们一起喝着茶，吃着饭，用各自眼角互相窥视。时光在谈话中飞逝。所有深藏着的秘密最终重新浮出水面，缺陷、拒绝、痛苦、折磨、错误、失败，有的应该发生，有的正在萌芽，有的已经出现，有的早已被扼杀。

阿布拉瓦内尔先生这个人物以及他关于建立一个双国籍国家的疯狂想法，有可能会改变"伊休夫"的命运，改变犹太复国主义的历史以及以色列的面貌。如果他孤独且不切实际的想法被更多的人听到，会发生什么？如果这个完全不可能的方案被采取了，如果独立声明是另一种声音，世界会变成什么样？

在奥兹的书中，阿布拉瓦内尔是一个空想者。他的头脑中充斥着奇思怪想。但当我们看到作者将他塑造成这样的形象，我们就可以想象到，作者想借助这个人物形象来指出当下的失控，来指出不受他待见的政府的偏移。政府由于害怕背叛他们长久以来的偶像，一直停留在偶像们建立的原则上停滞不前。这样的原则，无论它是什么样子，都会带来一个与过去的异端派疯狂梦想相同的未来。

如果事情朝另一个方向发展，如果在场的人成功劝服他们的主放弃了最后一次出行，如果犹大不那么令人信服，如果他不认为对主忠诚最好的方式是将其推向生命的终点，那么，在这次著名的最后晚餐中，还会发生什么？

因此，背叛成为书的主题。究竟是谁背叛了谁？

阿塔莉亚，为了不背叛在痛苦中死去的丈夫，不背叛那位终日沮丧的父亲，她拒绝生活，拒绝离开这座阴魂不散的房屋。萨缪尔，为了不背叛对他失望的父亲，不背叛拒绝了他的未婚妻，不背叛他年少时"做这一切都是为了什么？"的扪心自问，他拒绝长大。

犹大背叛了耶稣，因为他比任何人都相信他的信息，他想走到这场冒险的终点。

生活中能有什么办法不背叛一些人或一些事吗？生活中，是否有一种办法，可以让我们不出卖自己的一部分就可以继续前行？忠贞是否意味着偶尔也不需要放弃我们所坚持的东西？

奥兹说，有时（不是总是，是有时）我们嘲笑叛徒的品质，其实他是一个有勇气去改变的人。当回顾过去一个世纪中名垂青史的人物时，我们就会发现，他们其中的一些人可以理直气壮地面对来自对手的侮辱。当丘吉尔推动大英帝国的非殖民化时，当戴高乐开始投身北非人民的反殖民斗争时，当本·古里安接受分治时，当贝京为了埃及的利益而撤出西奈时，当萨达特访问耶路撒冷时，当拉宾签署《奥斯陆协议》时，当沙龙决定退出加沙地带时，当戈尔巴乔夫宣布苏联终结时……

很长时间以来，被背叛的忠贞这个主题都是阿摩司·奥兹作品的中心。通过犹大这个人物形象，他想让我们思考这个主题。过度的忠贞会让我们迷失了自己。偶尔地选择自我解脱是为了能更加不受约束。对自己或者别人许下的誓言有时会束缚我们，让我们无法再成为自己。所有我们挣扎而做的微小放弃都是为了不会否认曾经的自己。

我们可以因为过度爱慕而背叛。我们可以因为疏忽而背叛。我们可以因为错误而背叛。我们也可以因为不伤害所爱的众人而背叛他的偶像。我们同样也可以因为忠于内心最深处所坚守的东西而背叛。

我们的孩子被抢走了

2015年4月22日独立日。"位智"的发明者、拥有信息学及哲学双学位的年轻人在赫兹山上点燃了火炬。

技术创新是以色列建国67周年活动的亮点,因为被选去参加在赫兹山上点燃火炬的传统仪式的人物中,有很多人都通过自己的发明改变了以色列居民甚至全世界人民的生活。

尤其是埃胡德·沙卜泰。他是GPS导航应用软件"位智"的创立者之一。他的故事值得一提。

起初,他是一个居住在位于特拉维夫郊区城市赖阿南纳的年轻人。他的方向感特别不好。他在特拉维夫大学获得了信息科学和哲学双学位。但他是一个急脾气的小伙子。他不安于现状,想从以色列的某地去往某地而不求助于路人。他的女朋友给了他一个GPS导航仪。他有点生气,因为这并不能很快回应他的需求,并且也存在一些"盲角"。因此,他开始仔细绘制全国的地图。起初他是孤身奋战,后来1500个司机也一起加入了他的工作。

短短四年,他的创业公司就成功起步,最初非常私人化和业余化。他的初衷是设计一个能够定位以色列公路上所有雷达测速点的应用软件。后来，在两位企业家乌里·莱文与阿米尔·希那尔的参与下，埃胡德·沙卜泰与他的团队进一步研发了应用软件，以帮助缓解交通拥堵问题，让使用者依靠自己绘制的地图来避免交通问题。

通过精心的设计，他的想法很快就实现并获得了极大的成功，彻底改变了以色列司机们的生活。2013年6月，在被谷歌以10亿美元的价格收购之后，它开始吸引来自世界各地使用者的目光。

现在，"位智"已经成为以色列司机们常用的工具之一。"营销信息系统"公司进行的一项民意调查显示，超过半数的以色列司机正在使用这个软件。

"位智"也因此成为大学研究的主题。隶属于内盖夫本·古里安大学的"德国电信"研究室及信息工程系的研究人员通过回顾"位智"软件提供的一个月的数据，研究了地理定位软件对交通安全的影响。他们得出的结论是：GPS提供的服务可以在预防交通事故方面发挥作用。

"位智"如今在世界范围内已经拥有了超过7000万的用户，成为以色列在新技术领域里的一项标志性成果。但这并不是唯一一个。

其他可以与埃胡德·沙卜泰相提并论的伟大发明者中，还有丹尼·高德——反导弹系统"铁穹"的发明者。"铁穹"可以帮助以色列平民防御火箭弹的袭击；耶路撒冷希伯来大学的玛尔塔·魏因施托克-罗森（Marta Weinstock - Rosin）教授，她发明了一种名为"Exelon"的药，能有效延缓阿尔茨海默症的发展；加希里埃尔·伊詹（Gabriel Idan），他发明了一种可以让患者吞下去的微型照相机；还有拉菲·梅侯达（Rafi Mehoudar），灌溉领域的工程师，他的发明帮助以色列以及发展中国家更好地保存水源。

埃胡德·沙卜泰在世界技术领域内非常有名。他是移动通信行业最具影响力的十大企业家之一。

被谷歌收购之后，"位智"的主要合伙人之一乌里·莱文在以色列理工学院的年轻学生们面前，表达了他的内心想法："我们心中五味杂陈。一方面，我们成为很多创新企业的典范。但另一方面，我们的孩子被人抢走了。"

他向立志于从事技术创新事业的年轻人发起呼吁：

> 永远不要放弃你们的梦想。我要对所有拥有梦想的人说：去实现你的梦想吧！梦想是你们所热爱的，也是推动你们前进的动力。这种推动力，就是想要改变世界的欲望。

希伯来语的《古兰经》

2016年3月4日。第一次由阿拉伯裔以色列人翻译的希伯来语《古兰经》问世。

报纸用整页的版面报道了一个惊天消息：由一位阿拉伯裔以色列人苏卜希·阿杜伊翻译的希伯来语《古兰经》问世。这史无前例。我们也知道，这是《古兰经》自当代以来第三次被翻译成希伯来语。在中世纪安达卢西亚时期，犹太人阅读着阿拉伯语的《古兰经》，偶尔用希伯来语字母标注。17~18世纪也有一些翻译成希伯来语的版本，但并不是直接从阿拉伯语翻译过来的，都是自意大利语或荷兰语翻译而成。19世纪，也有一些从阿拉伯语翻译的版本出现。但是一直到1936年，才诞生了第一部由伊斯兰教研究专家约瑟夫·里夫林翻译的现代希伯来语的《古兰经》。以色列著名诗人海姆·纳曼·比尔利克是这本《古兰经》的编辑，但在这本书问世时，他已经离世。

约瑟夫·里夫林是以色列现任总统鲁文·里夫林的父亲。他认为，以色列现任总理本雅明·内塔尼亚胡的父亲是一名研究中世纪基督教的专家，撰写了很多关于西班牙宗教裁判所的著作；而他自己，现任总统的父亲，为伊斯兰教做着贡献，他对此非常高兴。

第二本现代希伯来语的《古兰经》诞生于 2005 年，由特拉维夫大学阿拉伯及伊斯兰教研究系的阿拉伯语教师乌里·鲁宾完成。他一直在钻研穆斯林传统以及《古兰经》释义。他的翻译非常忠于原文。他说，他想用一种现代的语言让《古兰经》能被更广泛的大众所接受。

> 我的目标是展示穆斯林——非东方研究专家——阅读《古兰经》的方式。在每一页的页脚我也加入了注释，以便解释某一个特定的句子中有可能引发不同阐释的不同观点，以此来呼应古典伊斯兰教的注释中可能会提出的阐释。

他是如何做到的？他是逐字逐句、一以贯之地翻译吗？乌里·鲁宾坦承，他是从结尾开始的。"结尾的篇章是最短的，从诗歌角度来说也是最凝练的。我从结尾开始，一章章地往前翻译，一直到最平淡无奇的第一章。"徜徉于希伯来语与阿拉伯语之间，徜徉于《圣经》与《古兰经》之间，他能自如地应付吗？

希伯来语和阿拉伯语都是闪语族，这就赋予了译者将《古兰经》翻译成另外一种语言的可能性。阿拉伯语与希伯来语有相同的词源、相同的表达法以及相同的习语，这就让翻译更加容易。《古兰经》谈到了创世纪的神圣时期，里面也有亚伯拉罕以及从以撒到耶稣等以色列先知的故事，关于《圣经》的东西在很多篇章中比比皆是。在这些章节中，我运用了《圣经》里的习惯用法，尤其是先知们的称呼。《古兰经》给先知们起了阿拉伯语的名字，比如说"穆萨"和"伊萨"。我保留了这些名字在《圣经》里的称呼：摩西、约书亚。我也保留了圣经中对主的称呼"以罗欣"。《古兰经》将主称为"安拉"，但在当今社会，"安拉"只被穆斯林使用。在《古兰经》里，安拉是犹太人和基督徒共同膜拜的普世的主。这也是为什么我保留了"以罗欣"这个名字，以忠于《古兰经》所要传递的信息，安拉是所有人的主。

《古兰经》最近一次被翻译成希伯来语是由一位穆斯林实现的。尽管它的目标受众主要是以色列人，但它的编辑是约旦人，出版社也位于安曼。苏卜希·阿杜伊在加利利的一个村庄里教书。他自诩"一个没有政治派别的信徒"。40多年来，他一直在以色列阿拉伯地区的学校里教授阿拉伯语及希伯来语。

伊斯兰国的所作所为并不符合伊斯兰教的教规，这是反人类罪。《古兰经》里并没有去屠杀在巴黎公园里散步的平民和孩子的圣训。这在《古兰经》里一点儿也站不住脚。

新版本的突出之处在于，与前两个版本不同，这个版本的翻译没有评论。苏卜希·阿杜伊强调，在《古兰经》的114章中，有51章谈到了犹太人，谈及基督徒的篇章数目也大致如此。苏卜希·阿杜伊认为，一些评论会被认为是"扭曲了信息的本意。

在这本译作的主体中,阿杜伊努力去避免所有的解释。但这是否可能?这是读者所希望的吗?这是否能产生一个更广泛的受众群体?这无法确定。专家们对此积极欢迎,但公众对此持保留态度。

陨灭的星星

2016年4月19日。以色列电影明星萝妮·艾卡贝兹逝世。

她在戛纳电影节上成为家喻户晓的明星。罗蕾特·蒙康杜伊一直沉浸在她这位挚友逝去的悲伤中。她流着眼泪,向我们提供了关于她的资料、事迹以及照片。法国国家影视中心也向她表达了哀悼。文化部部长奥德蕾·阿祖莱追忆这位光彩四射的女演员,"远看令人敬畏,但走近她时就会发现,她是如此富有魅力"。她说:"法兰西接纳了她。她是法国和以色列之间的一座桥梁。"法国这个"电影的国度"也向这位伟大的女性致敬:她热爱她的职业,严格要求自己,也有着过人的才能。

人们播放了她的电影《诉讼》。这是一部不可错过的好电影。一个禁止旁听的诉讼,担负了来自电影自身以及以色列国家的压力。在这个关于"犹太式离婚"的剧情中,她面对法官,慢慢地散开头发,以表示对法官的对抗。这个情景令观众记忆犹新,似乎也是她真实自我的表现,不屈服、叛逆、活力四射!

我珍藏着很多次与萝妮见面的回忆。最初是在拉齐文化艺术中心。她来到巴黎，人生地不熟，但她渴望着征服，渴望着成功，渴望着成为大人物。她没有选择自甘平庸。每天晚上，她都会来跟我们谈笑风生。她特别自律，一遍一遍地重复着即将由她在阿维尼翁剧院扮演的玛莎·葛兰姆的台词，呕心沥血，字斟句酌，每一个场景都不放过。但令我们惊讶的是，她紧张、焦虑、饱受折磨，但又总是那么平静。最近一次与她见面时，她正在巴黎，陪她一起来的还有她的一个弟弟，著名的科学家、研究干细胞的专家，她想为他的研究提供支持。她非常高兴能与她的一个弟弟重逢，她认为他们都在做同样的事情，都怀着对崇高职业的敬意，献身同样的追求中。她对我们说，电影对她来说不是年轻小女孩的梦想。"在这个世界中，生活用这么强大的力量历练着我。我认为这无关运气。关于我的，都已经表明！"我还记得与她的一次通话。她的声音嘶哑却又动人。最后的一段时间，她的微笑略带悲伤，也没有了最初那些开朗的笑声。她悄悄地从高峰隐退，不让公众对一直缠绕着她、最终打败了她的痛苦有所猜忌。

她演过玛莎·葛兰姆，病怏怏的，嗜酒如命；演过薇薇安娜·阿姆萨勒姆，一个自由固执的女人；在《迟婚有罪》里，她扮演一位离婚的母亲，一个激情十足的情人；在《我的宝藏》里，她扮演一位17岁少女的妓女母亲；在《乐队来访》里，她扮演一位酒吧的老板娘。她一直在扮演各种性格的女性，一直在不断拷问着以色列社会的父权至上、迂腐以及沉重……

对她来说，法国是她的第二个出生地。在一个阳光明媚的早晨，她抵达了法国，在阳光剧团实习，随阿维尼翁剧团巡演，后来开始与著名的人物一同演戏。安德烈·希泰内、芬妮·亚当、凯瑟琳·德纳芙、帕斯卡尔·艾勒柏、布丽奇特·赛……她计划出演玛丽娅·卡拉丝，这应该是她的最后一个角色。这也是一位与她非常相像的女性，炽热、光辉四射。她的生命也同她的一样短暂。

将她的名字与蓬勃发展的以色列电影的复兴联系在一起，这是何等的荣耀！还有谁能担负此盛名？她是以色列电影复兴的象征。以色列电影将继续沿着她的足迹前进，毋庸置疑。但以色列电影自此不再会有其他任何人，能够表现出比她更好的东西。这种夹杂着感激、深刻与失礼的特殊情感，只属于她一个人。

嘎嘎先生

2016年6月1日。一部关于舞蹈编导欧汉·纳哈林及巴希瓦舞蹈团的纪录片登上影院的屏幕。

巴希瓦舞蹈团是一家现代舞与当代舞公司，1964年由玛莎·葛兰姆在罗斯契德·巴希瓦的帮助下成立，因此它也以罗斯契德·巴希瓦的名字命名。自1990年以来，舞蹈团的艺术总监一直由欧汉·哈纳林担任。欧汉·纳哈林是当今以色列最著名、最本土的舞蹈编导。我们甚至可以说他是世界上最著名的舞蹈编导，尤其是在他的朋友托默·贺曼拍摄了一部关于他的电影纪录片之后。

他的经历非常特殊。他发明了一种世界性的肢体语言，不仅面向专业的舞者，也面向公众。这是一种舞蹈编排的运动，他称之为"嘎嘎舞"。"嘎嘎"就像一个婴儿最初的语言，更确切地说，他想让人们感觉到肢体在说话，就像一个婴儿在牙牙学语。

这部影片引起了巨大的反响。在这部影片中，我们看到了一个无论对艺术，还是对政治立场都十分苛刻的、激情澎湃的男人。他的言辞激烈和风趣幽默众人皆知。1998年以色列建国50周年时，他被邀请去为官方的庆祝活动举办一场演出。当时，为了不引起正统犹太教众们的愤怒，他被要求修改舞蹈演员们脱去衣服的场景。他当即递交了辞呈，这一举动也获得了力挺他的公众的支持。

通过托默·贺曼的"纪录片"，我们看到了欧汉·纳哈林的青春以及他职业的成长历程、他在基布兹的童年时光，还有他创造力的发展。这部影片很快就被大众所追捧。像学习瑜伽一样，很多人开始去学习他的嘎嘎舞。

他本身就接受了迟到的神召。22岁服完兵役之后，他才开始学习舞蹈，但他很快就展现出舞蹈方面的才能，这让他得以在美国落脚，加入了玛莎·葛兰姆以及贝嘉·洛桑的舞团。同时，他也梦想着成立自己的舞团。他回到了以色列，开始领导巴希瓦舞蹈公司。

实际上，他对舞蹈的兴趣很早就萌发了。他有一个患有精神疾病的身体羸弱的弟弟。只有祖母为他跳舞时，他才能从自我封闭中走出来。在他们的祖母去世之后，纳哈林认为自己应该接替她的角色。这也是他的性格和爱好形成的原因。

这部影片同样也讲述了舞蹈的创作，展示了纳哈林与他的舞蹈演员们严格却又灵活的合作方式。在影片的开头，我们看到了正处于工作状态中的他。他正在教一个年轻的女舞蹈演员如何更好地摔倒，如何重重地摔倒在地但同时又能摔得优雅，如何能够故意摔倒却又表现得很自然。

素食者的应许之地

2017年5月8日。特拉维夫被评为世界上最好的素食城市之一。

英国《卫报》公布了一个名单,特拉维夫被列为素食者们最青睐的十大城市之一。国民美食法拉费、作为前菜的胡姆斯(鹰嘴豆酱)、素食沙威玛(不少餐厅都提供素食。特拉维夫大约有200家完全素食的餐厅,其余的餐厅里,10%的餐厅都会提供含有1/4素食的菜单)。这座"不眠之城"被评为世界上最"素食友好"的城市之一,这并不意外。其他城市包括突尼斯、柏林、赫尔辛基、米卢兹、伦敦、温哥华以及旧金山。

每年9月,特拉维夫都会举办素食节,这是世界上最大的素食节之一。

5%的以色列人是纯素食主义者,这也说明以色列人均素食者的人数在世界上居于前列。

很多年前,纯素食主义就开始在以色列兴起。2014年12月,在几名军队的士兵要求军队提供素食之后,纯素食主义更是得到了飞速发展。

就新教徒、不信教的人及对纯素食主义一无所知的人而言,这样解释会更加清楚:纯素食主义是素食者食物准则的升级。纯素食主义排斥一切动物来源的食物,也就是说,没有肉,没有鱼,没有奶,没有蛋,也没有蜂蜜。

让以色列成为世界上数一数二的素食之国的趋势从何而来?为什么素食者越来越多(以色列有近50万素食者)?为什么纯素食主义开始蓬勃发展?为什么人们可以在超市里发现越来越多的肉类替代品,如豆腐、小麦蛋白等?

在所有纯素食主义的先驱者之中,有一些人是纯素食主义的坚定卫士。例如泰勒·吉尔博亚,她深入一些屠宰场,向公众展示了所拍到的东西。2014年夏天,在加沙战争时期,她参加了一个真人秀电视节目《老大哥》。这个电视节目很受欢迎,但也饱受争议。公众对这个电视节目的关注度很高。几个月的黄金时间都在传播纯素食主义,这让几百万观众顿时醒悟。在泰勒·吉尔博亚的影响下,这个节目60%的观众因此而改变了饮食习惯。

这场运动的起源,本质是揭露对动物的伤害。这是其中的一个因素,还有其他因素。对一些观察者来说,让纯素食主义在以色列被广泛接受的是创新。没有什么根深蒂固的传统烹饪方式,美食也在飞快地发展。纯素食主义符合犹太教的洁食原则。归根到底,犹太教也要求人们善待动物。

对很多适应了素食原则的人来说,善待动物的举动同样也是伦理道德的根本要求。

一个显著的事实是，纯素食主义逐渐也在阿拉伯裔以色列人之间占据了一席之地。

2013年，以色列加入了国际社会发起的"周一无肉"运动。甚至连内塔尼亚胡总理也参加了这场运动。每逢周一，他都不再给他的宾客们提供肉食。

如果我忘了你

2017年12月6日。华盛顿正式承认耶路撒冷为以色列的首都。

这一天难以去回忆。原因是,在我们看到这些文字的时候,还没有人能够去衡量这一天在历史上的分量及其带来的后果。

接下来的岁月里,如果发生了一系列意料之中的动作、不谋而合的愤怒、政治集团的利益考量以及尴尬的沉默而必须重新组局时,那都是唐纳德·特朗普"耶路撒冷宣言"的真正影响。

这是在以色列建国70周年以及新年的前几天。在一次白宫的正式发言中,美国总统特朗普站在乔治·华盛顿的画像前,站在他的演讲桌前,隆重的宣布:"是时候正式承认耶路撒冷是以色列的首都了。"这标志着他愿意承认简单的"现实"、希望不再违背美国20多年来的一项法案。1995年,美国国会通过法案,要求美国务院把驻以色列使馆从特拉维夫迁至耶路撒冷。

可以说，四海之内皆认为美国的这项决定非常突然，毫无逻辑，无视其他国家和国际组织的反应。我们可以说，特朗普宣布这一决定的时机并不适宜，当时以色列正处于亲近一些反伊朗阵营的国家及该地区其他国家的微妙进程中。我们也完全可以认为，这样的决定招致了非常严厉的反对，有可能会导致美国被孤立，更不用提以色列了。从外交方面来说，这并不是一项成功之举。众所周知，这座圣城是一座具有多重特征以及复杂特性的城市，这里的每一块石头都承载着故事，美国人不应该去打乱这个脆弱的平衡。我们甚至可以质疑这些别有用心的动机、亲近福音派选民的动作（福音派选民认为，未来，只有在所有犹太人民返回耶稣许给亚伯拉罕的这片古老应许之地时，耶稣才会回到他的出生地）、对局势的插手、对媒体的恶意攻击、想对全世界行善的美国总统的突然转向。最终，人们认为这项决定是恣意妄为，是无稽之谈，是挑衅，是即兴而发——甚至他对着电子提词机读出来的发言稿，都被认为是相机而作，是为了避免扼杀以色列与巴勒斯坦的所有谈判机会，其中也包括东耶路撒冷问题。这一切都很容易理解，也应该在考虑之中。

但有一件事，如果我们只是对关于宗教的历史、这片区域的历史一知半解甚至完全没有涉猎，那我们就不会做出理性的分析。也就是说，简单地将这个决定概括为"历史错误"，换言之，这并不是政治错误，不是战略失误，不是机会主义错误，而是违背历史的主张。任何一个熟知历史的人，哪怕胸怀一丝丝的善意，都不得不承认，只有犹太民族才将耶路撒冷当成他们的首都。

这可以追溯到公元前 1000 年。大卫王从耶布斯人手中夺取一小块村庄土地，将其建成以色列的首都，他的儿子在那里建立了第一圣殿。从那时起，耶路撒冷就经历了无数次的兴衰，接二连三地被攻占。但从来没有人（除了联合国教科文组织里的一些人）对耶路撒冷是犹太民族的中心提出质疑。

但当特朗普宣布他的决定后，以色列心态之复杂令人惊讶。有人满意，有人感激，有人担忧。

满意，是因为一个自诞生之日起，就在苦苦挣扎，为了让全世界承认其合法性的国家，无法漠视这样一个对其所选择的首都表示认可的言论。

感激，是因为 40 多年来所有美国总统的竞选人、所有当选的美国总统所做出的承诺终于被付诸实现。美国国会一项年复一年推迟的决定终于被实现。

担忧，是因为特朗普的决定并不能改变地缘政治局势，也不能消除大部分伊斯兰世界的反对——尽管一些沙特阿拉伯评论者认为，根据《古兰经》里的一些说法，耶路撒冷也是犹太人的圣城；甚至，埃马纽埃尔·马克龙也谨慎地拒绝对特朗普的决定做过多反应，仅限于对特朗普的发言表示"遗憾"。

有人认为，最终我们会从特朗普身上发现，该发生的总会发生。但在这场闹剧中，难道人们没有又一次亲眼看到以色列的动荡不安、孤立无援和脆弱不堪吗？

因此，特朗普这样做，归根到底是为什么？美国这个世界警察，公开宣布耶路撒冷是以色列的首都，很快所有人就会联合起来共同发声：赶快闭上你的嘴！但耶路撒冷已经是以色列的首都！美国只是肯定了一个实体国家而已。但这足以唤醒人们的思想。当然，根据似乎已经确立的国际共识，耶路撒冷也注定是未来巴勒斯坦国的首都。然而，谁能阻挡这一切的发生呢？

只要这些动机被排除，只要这些符合大众口味的言论让位于常识，我们就有可能认清现实。

现实是今天所有的国家都承认以色列对西耶路撒冷的主权。从那时起，一个国家选择哪座城市作为她的首都，标志着其重要性在哪里，它会如何影响谈判的未来。

现实是以色列所有的民主中心机构、所有的标志性建筑（议会大厦、政府大楼、最高法院）都设立在耶路撒冷，所有的官方接待都在耶路撒冷进行。应该继续这样，为了避免触及这样或那样的敏感神经，应该陆续用特拉维夫来替代耶路撒冷，这是多么荒唐的想法！

最后，现实是耶路撒冷在时光流逝中的始终如一，无论是从历史的角度，还是从精神或者情感的角度。让我们暂时忘了美国总统，来回忆一下夏多布里昂在《从巴黎到耶路撒冷》一书里所写的吧：

> 5000年前他们所做的，这个民族现在依然在做。这个民族见证了耶路撒冷的17次毁灭，但没有什么能让他们丧失勇气：什么都无法阻挡他们遥望着锡安山。

就在特朗普宣布其决定的那一周，我们得知，为纪念吉诺·巴塔利，环意自行车赛将于5月4日在耶路撒冷拉开帷幕。吉诺·巴塔利于 2003 年被以色列追认为"国际义人"（见阿尔伯特·托斯卡诺《一辆反抗纳粹暴行的自行车——冠军吉诺·巴塔利不可思议的命运》，2018 年，阿尔芒·柯林出版社）。

人口方程式

2018年1月1日。以色列人口达到870万。据预测，2050年以色列人口将会超过1200万。

1898年，历史学家、人口学家西蒙·多布诺夫预测，2000年将会有50万犹太人生活在以色列。1944年，以色列中央统计局的创建人罗伯特·邦奇教授预测，2001年以色列将会有230万犹太人。

这两项数据都没有太大的偏差。人口的演变并没有像以色列建国前人们所担忧的那样发展。人口一直被视为对以色列的威胁，而且这种威胁持续了很长时间。近年来，这种威胁开始转变为以色列的王牌。

2017年年初，以色列人口达到810万。根据联合国的一项预测，到2050年，以色列人口将达到1200万。这些数据是两位著名的经济学家亚当·鲁特和诺加·柯南共同撰写的《以色列：一个成功的故事》（Kinneret - Zemora Beitan 出版社，2017年）一书里提供的。两位作者认为，以色列是经合组织成员中人口最年轻的国家，平均年龄只有30岁，而经合组织成员人口的平均年龄是 42 岁（日本是 48 岁，德国是 47 岁，欧盟是 44 岁，美国是 39 岁。数据来源于 2015 年联合国经济与社会事务部人口司对世界人口的预测）。

以色列人口的出生率是 3.1%，这方面仍然超过了经合组织所有国家 2.2% 的比例。

阿拉伯裔与德鲁兹裔人口占以色列人口的 20%。信教人口，即所谓的"哈雷迪"或极端正统犹太教派占以色列人口的 10%。在这两个方面，两位作者非常乐观，一方面他们看到了出生率的降低，另一方面他们也看到了对国家经济生活的逐渐融入（受互联网、智能手机以及维基百科的影响）。这些现象有待观察。

移民曾经是，现在也是全球人口增长和形成的关键性因素（两位作者认为移民很容易："无论你在一个城市或另外一个国家说什么语言，你永远都能找到与你说同样语言的人。"）在以色列建国初期，始自欧洲以及一些伊斯兰国家尤其是北非的"阿利亚运动"，让以色列人口翻了一番。从那时起一直到现在，以色列增加了 240 万移民，现在总共有 310 万移民。近五年来，"阿利亚运动"每年为以色列带来 2 万移民。现在，移民主要来自俄罗斯、其他独联体国家和法国。2015 年，来自美国的犹太人翻了三番。

赛尔基恩·德拉·潘格拉教授是世界犹太人口研究专家、耶路撒冷希伯来大学当代犹太文化研究所所长。他认为，公元 1000 年，全世界共有 100 万犹太人。2014 年年初，犹太人——根据《哈拉卡》的定义，母亲为犹太人的犹太人——人口达到了 1200 万。如果我们连父亲是犹太人的孩子也计算在内，这个数字将会达到 1720 万。如果将第三代也包含在内（《回归法》所坚持的准则），这个数目将会超过 2930 万。

赛尔基恩教授认为，如果 1939 年至 1945 年的犹太人大屠杀没有大规模地减少犹太人的人口，这个数目将会达到 3200 万。

现在，80% 的犹太人生活在两大中心：以色列和美国。之后是俄罗斯和法国。从 2010 年开始，世界犹太人口来到了一个转折点。对全世界犹太人来说，以色列是最重要的居住地。美国第一次位居第二的位置。

据预测，从 2025 年开始，将会有超过 50% 的犹太人生活在以色列。

以色列中央统计局在以色列建国 69 年之际发布的数据中，还有一个数据并不令人意外：以色列 80% 超过 20 岁的人认为，生活在以色列很幸福。经常批评内塔尼亚胡政府的持中左意见的报纸《以色列国土报》提供了这个数据，并且高兴地写道："其余 11% 的人都是《国土报》的读者。"但作为一个不怎么看这份报纸的人，我们惊诧于这个数据。在这样一个处于敏感神经的国家里生活，永远都在警惕着警报的拉响，永远都有无尽的担忧，宗教与世俗的问题、腐败问题、安居乐业的困难……更别提希望越来越渺小的和平、不断扩大的定居点、持续的侵占、不断的袭击……然而，这些人却说他们很幸福。有一个原因可以解释这些人在调查中所言与其在街头、媒体及社交网络上所表达的明显差异，很简单，他们更愿意展示自己的多面性而不是去说违心的话。

人口形势在以色列引发了非常激烈的讨论，有人认为这将带来吞并1967年获得的巴勒斯坦领土的风险。必须要明确的是，所有这些数据都是不准确的，可信度有限。人口学本身就不是一门精准的科学，做出预测也极其困难，尤其经济、社会、文化会发生改变。任何一个微妙的转变，都有可能立即改变整个公式。

致　谢

　　本书的一些章节已经发表。谨向《方舟》《宗教世界》《玛丽亚娜》以及《游戏规则》杂志表示感谢。

　　同时，我也感谢期待这本书的埃里克·德·恩热涅尔以及支持和陪伴了我写作这本书的科里纳·厄加斯。

索 引

（索引页码为原著页码，即本书边码）

A

Abecassis, Yaël 247
Abraham 154, 211, 286, 298
Absalon 30
Adoui, Soubhi 284, 286, 287
Agassi, Shaï 241
Agnon, Samuel-Joseph 105, 106, 107
Aharon 192
Allen, Woody 240
Almossi, Ruth 231
Alterman, Nathan 90
Amichaï, Yehuda 240
Amine Dada, Idi 141
Amir, Ygal 196, 197, 199
Appelfeld, Aharon 226, 227, 228
Arafat, Yasser 183, 212, 213
Ardant, Fanny 290
Arendt, Hannah 94, 95, 96, 240
Arens, Moshe 172
Arlosoroff, Haïm 46, 47, 48
Arlosoroff, Lisa 48
Arlosoroff, Sima 47
Aron, Raymond 109, 116
Ashraoui, Hanan 180
Assad, Hafez El 98
Atari, Gali 123
Athénagoras Ier de Constantinople 270, 272
Awad, Mira 124
Azoulay, Audrey 288

B

Baader, Andreas 119
Bach, Thomas 120
Bachi, Roberto 303
Baker, James 178
Balfour, déclaration 37
Balfour, James 39, 42
Balzac, Honoré de 255
Bandaranauke, Sirimavo 81
Barak, Ehud 151, 198, 209, 210, 212
Barenboïm, Daniel 56
Barkat, Nir 267
Bartali, Gino 302
Bartholomée Ier de Constantinople 270
Bar-Zohar, Michaël 72, 103
Bastien-Thiry, Jean-Marie 197
Beauvoir, Simone de 165, 257
Begin, Menahem 44, 48, 74, 77, 78, 143, 144, 153, 158, 159, 160, 170, 279
Beilin, Yossi 169, 170, 171
Béjart, Maurice 292
Ben Gourion, David 50, 53, 54, 61, 64, 69, 70, 71, 73, 74, 75, 77, 78, 82, 84, 85, 102, 103, 129, 161, 275, 276, 279
Ben Gourion, Paula 70, 71
Benoît XVI 257, 258, 269
Bergman, Shmuel Hugo 101
Bergoglio, Jorge 270

Berlin, Isaiah 165, 190, 256, 258
Berliner-Youditskaïa, Mina 219, 220, 221
Bernstein, Léonard 56
Besançon, Julien 109
Bevin, Ernest 64
Bialik, Nahman 54, 284
Birnbaum, Nathan 28
Bleichar, rabbin 155
Blücher, Heinrich 96
Blumenfeld, Kurt 94, 96
Bois, Ariane 231
Borgès, Jorge-Luis 165
Bourel, Dominique 100, 101, 102, 103
Bouzaglo, David 240
Brandt, Willy 45
Braverman, Avishaï 224
Brod, Elsa 260
Brod, Max 260, 261, 262
Buber, Martin 20, 72, 100, 101, 102, 103, 104, 138
Burckhardt, Johann-Ludwig 192
Bush, George H. 178, 179
Bush, George W. 218

C

Cacher, Assa 189
Callas, Maria 290
Carlos, Ilich Ramirez Sanchez, dit 140
Carnot, Sadi 34
Casanova 25
Catherine de Russie 26
Chareh, Farouk El 182
Chateaubriand, François-René de 29, 30, 301
Chirac, Jacques 263
Chouchani, Monsieur 259
Christie, Agatha 191

Churchill, Winston 38, 279
Cincinnatus 72
Clemenceau, Georges 37
Clinton, Bill 151, 183, 212
Coetzee, John Maxwell 165
Cohen, Élie 97, 98, 99
Cohen, Izhar 123
Cohen, Maurice 98
Cohen, Nadia 97, 99
Cohen, Nissim Andibo 99
Cohen, Saül 97
Cohen, Sophie 97
Corr, cardinal 149

D

Damti, Menahem 196
David, roi 21, 22, 23, 24, 30, 43, 236, 238, 271, 299
Dayan, Moshe 52, 111
De Gaulle, Charles 115, 116, 126, 197, 243, 279
De Lilo, Don 165
De Luca, Erri 229, 231, 232
Delon, Alain 247
Deneuve, Catherine 290
Derogy, Jacques 64
Dib, Mohammed El 66
Domb, Aharon 152, 153, 154, 156, 157
Doron, Sarah 179
Dosh (Kariel Gardosh, dit) 111
Doubnov, Simon 303
Douste-Blazy, Philippe 224
Dreyfus 33
Dreyfus, affaire 32, 33, 34, 35, 145
Dreyfus, Alfred 33, 35, 36
Dreyfus, Charles 38, 39
Druon, Maurice 75
Dupuy, Bernard 100

索引 257

E

Eban, Abba 82, 84, 110, 115, 125
Eban, Suzy 127
Ecco, Umberto 167
Eichmann, Adolf 86, 87, 88, 89, 90, 94, 95, 96
Eilon, Ori 249
Einstein, Albert 82, 83, 84, 85
Einstein, Arik 217
Eisenberg, famille 41
Elbé, Pascal 290
Elkabbetz, Ronit 288, 289
Elkaïm Sartre, Arlette 257
Eshkol, Lévi 125
Esmenard, Francis 133
Esther 231

F

Faiman, David 128, 130
Faulkner, William 177
Finkielkraut, Alain 139
Fishman-Maïmon, Yehuda Leib 70
Flaubert, Gustave 29
Flavius Josèphe 68, 69
François, pape 257, 269, 270, 271, 272
Friedlander, Magda 47, 48
Friedlander, Saül 78

G

Gabirol, Ibn 239
Galil, Gershon 236
Gandhi, Indira 81
Gary, Romain 75
Ghosn, Davos Carlos 242
Gillerman, Dan 223
Ginz, Petr 216
Gitai, Amos 195, 196, 197, 199

Godin, Elka 209
Godin, Samuel 209
Goebbels, Joseph 47, 48
Goethe, Johann Wolfgang von 25
Gold, Danny 282
Goldstein, Baruch 154, 155
Goliath 236, 238
Gonzalez, Felipe 179
Goodman, Micha 213, 215
Gorbatchev, Mikhaïl 45, 178, 179, 279
Gouri, Haïm 113
Graham, Martha 289, 290, 291, 292
Grégoire, abbé 28
Grossman, David 174, 175, 177, 202
Grossman, Uri 177
Grossman, Vassili 105, 177
Guilboa, Tal 23, 295, 296
Gur, Batya 95

H

Hakim, Tewfik El 127, 146
Halévy, Benjamin 87
Halévy, Ephraïm 169, 170
Halévy, Yehuda 239
Hammarskjöld, Dag 103
Harari, Yuval Noah 132, 133, 134, 135, 136
Harel, Isser 86
Hassan II, roi 93
Hausner, Guidon 87
Hefetz, Yasha 56
Heffer, Haïm 192
Heidegger, Martin 104
Heilbronn, François 231
Heïm, Stefan 165
Heine, Heinrich 240
Herzl, Théodore 25, 26, 27, 28, 32, 33, 34, 35, 36, 37, 70, 102, 144
Herzog, Haïm 50

Heyman, Tomer 291, 292
Hoffe, Esther 260, 261, 262
Hoffe, Ève 261
Holland, Fruma 258
Hollande, François 263, 264, 265
Homère 31
Hubermann, Bronislaw 55
Hussein, roi 51, 169, 170, 171, 172, 194
Husserl, Edmund 105

I

Idan, Gabriel 282
Ilanit, Hanna Dresner-Tzakh, dite 124
Indurski, Yehonathan 249
Ionesco, Eugène 165
Isaac 154
Isaïe, prophète 54, 67, 181, 271

J

Jabotinski, Zeev 77
Jacob 154
Jaurès, Jean 197
Jean XXIII 207
Jean-Baptiste 30
Jean-Paul II 206, 207, 208, 210, 211, 269
Jérémie 240
Jésus 30, 138, 208, 240, 276, 278, 286, 298
Jonas 231
Jonathan, prince 23
Joseph (fils de Jacob) 31
Judas 276, 278, 279

K

Kadaré, Ismaïl 165
Kafka, Franz 177, 240, 260, 261, 262
Kalsoum, Oum 110
Kashua, Sayed 233, 234, 235, 249
Katzkin, T. 89
Kauffman, Francine 194
Keddar, Lou 80
Kenan, Noga 303
Kennan, Amos 180
Kennedy, John Fitzgerald 196, 197
Kennedy, Robert 196
Kennedy, Ted 196
Kessel, Joseph 75, 76
Kimche, David 180
Kishon, Ephraïm 111
Kissinger, Henry 44, 126
Klausner, Joseph 138
Klein, Rinat 187
Klement, Ricardo *Voir* Eichmann, Adolf 86
Kluger, Jerzy 208
Kolakowski, Leszek 165, 229
Kollek, Teddy 147, 229
Kovack, Nancy 57
Kovner, Abba 59, 60, 61, 89
Kraus, Meir 147, 148, 149, 150, 151
Kundera, Milan 165, 167

L

Lamartine, Alphonse de 29
Landau, Moshe 87
Lanzmann, Claude 109, 110
Lawrence d'Arabie, Thomas Edward Lawrence, dit 191
Lazare, Bernard 36
Léa 154
Leibovitz, Yeshayahou 72, 103, 187, 188, 189
Levinas, Emmanuel 23, 105, 106, 190, 228
Levine, Uri 281, 282
Lévy, Bernard-Henri 25
Lewinger, rabbin 152

Ligne, Charles-Joseph, prince de 25, 26, 27, 28
Ligne, Eugène, prince de 28
Ligne, Michel, prince de 28
Ligne, Philippe, prince de 28
Lincoln, Abraham 196
Livni, Tsipi 229
Lloyd George, David 39
Long, Didier 250
Lueger, Karl 35

M

Mac Carthy, Mary 95
Macron, Emmanuel 25, 135, 300
Magnes, Judah Leon 101
Mahler, Gustav 56, 58
Mahomet 146
Maïmonide 189, 239, 258
Malraux, André 110
Mann, Thomas 108
Marie-Antoinette 26
Marie-Thérèse d'Autriche 26
Marx Brothers 240
Marx, Karl 240
Massenat, Aymar 194
Mc Ewan, Ian 165, 166
Mehoudar, Rafi 282
Mehta, Zubin 56
Meinhof, Ulrike 119
Méir, Golda 79, 80, 119, 120, 125
Melamed, Ariana 248
Melzer, Sarah 49
Menuhin, Yehudi 56
Mercier, Jacques 98
Méridor, Dan 160
Merkel, Angela 45
Miller, Arthur 165
Mintz, Shlomo 56
Mishcon, Victor 170

Mitterrand, François 45, 64, 263, 264
Mnouchkine, Ariane 290
Moïse 23, 162, 163, 192
Monconduit, Laurette 288
Montand, Yves 53
Morand, Paul 25
More, Henry 184
Mosri, famille 43
Moubarak, Hosni 144
Mozart, Wolfgang Amadeus 58
Muñoz Molina, Antonio 165
Murakami, Haruki 165, 166

N

Naharin, Ehad 291, 292, 293
Naipaul, Vidiadhar Surajprasad 165
Nasrallah, Hassan 222, 225
Nasser, Gamal Abdel 112, 113
Nathan, Abbie 112
Nathan, Tobie 28, 46, 47
Navon, Itzhak 85
Netanyahou, Bentzion 138, 139
Netanyahou, Benyamin 138, 139, 142, 172, 179, 198, 270, 271, 285, 296, 306
Netanyahou, Jonathan 138, 139, 142
Newman, Paul 65
Nisel, Thomas 255, 256, 257, 258
Noa, Achinoam Nini, dite 124
Nordau, Max 38
Numeiry, Jafar 144

O

Olmert, Ehud 151, 198, 224
Oz, Amos 51, 113, 202, 229, 237, 238, 239, 273, 274, 276, 277, 278, 279
Oz-Salzberger, Fania 237

P

Pankine, Boris 178
Paul 138
Paul VI 97, 270, 272
Paz, Octavio 165
Péguy, Charles 188
Pérès, Shimon 49, 50, 51, 52, 53, 169, 170, 171, 172, 183, 195, 198, 229, 242, 244, 264, 265, 270, 271
Pereski, Itzhak 49
Pergola, Sergio de la 305
Perlman, Itzhak 56, 57, 58
Pétain, Philippe 76
Philon d'Alexandrie 68
Pie X 272
Pierre 208
Pitte, Jean-Robert 231
Pline l'ancien 68
Potemkine, Grigori Aleksandrovitch, prince 28
Poutine, Vladimir 219, 220
Preminger, Otto 65

R

Rabin, Itzhak 51, 52, 54, 74, 81, 140, 155, 156, 183, 195, 196, 197, 198, 199, 200, 209, 279
Raff, Gideon 246
Rahman, Omar Abdel 144
Ramon, Amnon 148
Ramon, Assaf 217
Ramon, Ilan 216, 217, 218
Rathenau, Walter 197
Rebecca 154
Renan, Ernest 29
Reuter, Adam 303
Richemond, Daphna 184
Rifaï, Zayed El 169
Rivline, Joseph 284

Rivline, Reuven 28, 120, 284
Romano, Ilana 121
Romano, Yossef 121
Rosenwaks, Uri 187
Rothschild, Batsheva 291
Rothschild, Mme de 39
Rothschild, Walter 42
Rousseau, Jean-Jacques 25
Rubin, Uri 285
Russel, Bertrand 165
Ruth 231

S

Saba, reine de 164
Sachs, Nelly 107
Sadate, Anouar El 44, 143, 144, 145, 160, 173, 208, 279
Salamé, Ali Hassan 120
Salomon, roi 22, 24, 27, 163, 164
Sara 154
Sarkozy, Nicolas 263
Sartre, Jean-Paul 257
Saül, roi 23, 24
Sautet, Claude 247
Schneider, Romy 247
Schoken, famille 261
Schoken, Zalman 108
Scholem, Gershom 72, 94, 95
Schultz, George 171, 172
Schulz, Bruno 175, 176
Schwartz-Bart, André 165
Scola, Ettore 20
Seguev, Tom 111
Semprun, Jorge 165, 167
Senor, Dan 241, 242
Serfaty, Haïm 92
Servetius, Robert 87
Shabtaï, Ehud 72, 280, 281, 282
Shafi, Haider Abdel 180, 181
Shaham, Gil 58

Shaï, Hezi 248
Shaï, Irit 248
Shalev, Meir 229
Shalev, Zerouya 229
Shalit, Guilad 247
Shamgar, Meir 199
Shamir, Itzhak 51, 54, 169, 171, 172, 178, 181
Sharet, Moshe 125
Sharon, Ariel 52, 159, 279
Shavit, Ari 212
Shazar, Zalman 256
Shemer, Naomi 110
Shinar, Amir 281
Signoret, Simone 53
Singer, Isaac Bashevis 231
Singer, Saul 241, 242
Sivan, Emmanuel 145, 146
Skorka, Abraham 257, 270, 272
Sneh, Ephraïm 225
Sontag, Suzan 165
Spinoza, Baruch 103
Staël, Germaine, dite Mme de 27
Staline, Joseph 136, 256
Staline, Svetlana 256
Steinmeir, Frank-Walter 120
Steinsaltz, Adin 255, 256, 257
Steinsaltz, Mme 256
Stern, Abraham 257
Stern, Isaac 56
Sukenik, Eliezer 66, 68
Sy, Brigitte 290

T

Taabat, Kamal *Voir* Cohen, Élie 98
Tabor, Zvi 130
Talleyrand, Charles-Maurice de Talleyrand-Périgord, dit 25
Téchiné, André 290
Tevet, Shabtaï 72
Thatcher, Margaret 169
Titus 107
Toaff, Elio 206, 207, 208
Toscanini, Arturo 55
Trotski, Léon 53
Truffaut, François 247
Truman, Harry 64
Trump, Donald 135, 297, 299, 300

U

U Nu 73
Uris, Léon 65

V

Valéry, Paul 25
Vardi, Yossi 243
Vargas Llosa, Mario 165
Voltaire 25
Von Trotta, Margaret 96

W

Wagner, Richard 56
Walzer, Michael 197
Washington, George 297
Weindenfeld, George 96
Weinstock-Rosin, Marta 282
Weiss, Shevah 209, 210
Weizmann, Benjamin 41
Weizmann, Haïm 37, 38, 39, 40, 41, 42, 57, 61, 64, 82, 83, 84, 125
Weizmann, Vera 37, 40, 41, 90
Wiesel, Élie 80
Wiesler, Ruth 261
Woolf, Virginia 177

Yadin, Ygal 67
Yehoshua, Avraham Boolie, dit A. B. 177, 201, 202, 203, 204
Yzhar, S. 240

Zelda 240
Zenatti, Valérie 231
Zola, Émile 34
Zuckerman, Pinchas 56, 57
Zweig, Stefan 36, 37

图书在版编目(CIP)数据

创造以色列历史的70天 /（法）萨洛蒙·马尔卡（Salomon Malka）著；马秀钰译. -- 北京：社会科学文献出版社，2019.6
 （思想会）
 ISBN 978 - 7 - 5201 - 4744 - 6

Ⅰ.①创… Ⅱ.①萨… ②马… Ⅲ.①以色列 - 历史 Ⅳ.①K382

中国版本图书馆CIP数据核字（2019）第075526号

·思想会·
创造以色列历史的70天

著　者 /〔法〕萨洛蒙·马尔卡（Salomon Malka）
译　者 / 马秀钰

出 版 人 / 谢寿光
责任编辑 / 刘学谦

出　版 / 社会科学文献出版社·当代世界出版分社（010）59367004
　　　　　地址：北京市北三环中路甲29号院华龙大厦　邮编：100029
　　　　　网址：www.ssap.com.cn

发　行 / 市场营销中心（010）59367081　59367083
印　装 / 北京盛通印刷股份有限公司

规　格 / 开本：889mm × 1194mm　1/32
　　　　　印张：9　插页：0.25　字数：197千字
版　次 / 2019年6月第1版　2019年6月第1次印刷
书　号 / ISBN 978 - 7 - 5201 - 4744 - 6
著作权合同
登 记 号 / 图字01 - 2019 - 1981号
定　价 / 49.00元

本书如有印装质量问题，请与读者服务中心（010 - 59367028）联系

▲ 版权所有 翻印必究